Grimorium Verum

und

der Schlüssel der Weisheit

von

König Solomon

Grimorium Verum

und

Der Schlüssel der Weisheit

erstes und zweites Buch

von

König Solomon

Zwei Bücher der praktischen Magie

Übersetzt von
Christian Eibenstein

IMPRESSUM

Grimorium Verum
und
Der Schlüssel der Weisheit – erstes und zweites Buch
Zwei Bücher der praktischen Magie

Herstellung und Verlag:

BoD – Books on Demand, Norderstedt

www.BoD.de

Umschlaggestaltung: Christian Eibenstein
Alle Grafiken aus alten Manuskripten
sorgfältig rekonstruiert von Christian Eibenstein

Bibliografische Information der Deutschen Nationalbibliothek:
Die Deutsche Nationalbibliothek verzeichnet diese Publikation in der Deutschen Nationalbibliografie; detaillierte bibliografische Daten sind im Internet über http://dnb.d-nb.de abrufbar.

3. erweiterte und weitreichend überarbeitete Auflage
© 2021 Christian Eibenstein
Printed in Germany

ISBN 978-3755757436

INHALT

Grimorium Verum

oder

Das wahre Grimoire

Die bewährtesten Schlüssel

von

Solomon, dem hebräischen Rabbi

Hier werden die verborgensten Geheimnisse,
sowohl die natürlichen als auch die übernatürlichen,
umgehend aufgezeigt.

Mit einer eigenartigen Sammlung von seltenen und erstaunlichen magischen Geheimnissen.

Ursprünglich veröffentlicht durch
Alibeck, dem Ägypter, Memphis
1517

Übersetzt aus dem Hebräischen von
Plaingière, ein dominikanischer Jesuit.

Vorwort

Die Anzahl der magischen Bücher, die seit der Antike König Solomon zugeschrieben werden, sind über die Jahrhunderte ins unüberschaubare gewachsen. Dennoch haben einige von ihnen einen festen Platz in den okkulten Bibliotheken gefunden. Das Wort Grimoire kommt aus dem Altfranzösischen und bedeutet so viel wie Regelwerk. Diese Bücher beinhalten genaue Anleitungen für Beschwörungen und magische Experimente. Sie hatten ihre Blütezeit im Spätmittelalter (etwa 1250) bis ins 19. Jahrhundert hinein.

Das »Grimorium Verum« (lateinisch) bedeutet soviel wie das »wahre Grimoire«. Dieses Zauberbuch wurde angeblich von »Alibeck dem Ägypter« in Memphis im Jahre 1517 geschrieben. Heute ist man sich einig, dass eine solche Behauptung falsch sein muss, denn Memphis war 1517 schon lange zerstört – das Buch stammt aus der Mitte des 18. Jahrhundert. Die ältesten Ausgaben erschienen in Französisch und Italienisch. Große Teile wurden von Arthur E. Waite (1857 – 1942) ins Englische übersetzt und im »The Book of Ceremonial Magic« im Jahre 1911 veröffentlicht. Waite schreibt dort: »Das Datum im Titel des Grimorium Verum ist unbestritten ein Betrug; die Arbeit gehört in die Mitte des achtzehnten Jahrhunderts, und Memphis ist Rom.«

Das Grimorium Verum liegt im Wesentlichen in vier Fassungen vor. Die Französische, die als Herausgeber Alibeck, den Ägypter benennt, dient uns hier als Ausgangswerk. Es kam als Druckfassung in Frankreich 1817 heraus. Erweiterungen – besonders im Anhang – wurden 1830 von Simon Blocquel in Frankreich herausgebracht.

1868 erschien das Buch erstmalig auf Italienisch (die älteste Fassung von G. Bestetti in Mailand, eine weiter folgt von A. Muzzi). Diese beiden italienischen Ausgaben und deren Erweiterungen haben wir in diese französische Übersetzung eingearbeitet. Im Text sind die jeweilig von Alibeck abweichenden Stellen als solche kenntlich gemacht.

Die genannten Fassungen sind offensichtlich nicht vollständig. Dies zeigt sich beispielsweise an genannten Geistern, die dann leider keine weiter Erwähnung mehr finden (z. B. Singambuth). Das größte Problem sind die in den Skripten erwähnten Grafiken. Diese werden manchmal auf Seiten referenziert, auf denen man sie nicht findet (z. B. Seite 27, Abb. 5). Diese Stellen wurden oft aus anderen Ausgaben abgeschrieben. Manchmal lassen sich die Grafiken an anderer Stelle im Buch finden, manchmal fehlen sie vollends. In diesen Tagen war es üblich, bestimmte Stellen aus verschiedenen Zauberbüchern herauszuschreiben und zu neuen Büchern zusammenzusetzen. Dieses Baukastensystem führte dazu, dass viele Namen von Geistern und so manche magische Praxis in unterschiedlichen Büchern auftauchen. Ich empfehle hier die lesenswerte Doktorarbeit von Stephan Bachter: »Anleitung zum Aberglauben: Zauberbücher und die Verbreitung magischen „Wissens" seit dem 18. Jahrhundert« (2005). Wegen dieser gewissen Verteilung der magischen Praktiken und Geister lassen sich einige Grafiken aus anderen Werken, die deutlich sauberer gearbeitet wurden, rekonstruieren. Dazu gehört zum einen das »Grimoire des Papstes Honorius« und das »Grande Grimoire«. Um ein gewisses Maß an Vollständigkeit zu erlangen, habe ich an manchen Stellen aus anderen Büchern die fehlenden Puzzleteile hinzugefügt und diese entsprechend referenziert.

Eine weitere, ganz eigen Fassung des Grimorium Verums liegt in der British Library, es handelt sich um das Lansdowne Manuskript 1202. Dies ist eine interessante Abwandlung des Grimorium Verums. Es beinhaltet andere Bezeichnungen der Geister und andere Grafiken. Es ist in Französisch geschrieben und zeigt zahlreiche Siegel und Zeichen, die sehr sauber gearbeitet sind. Es stellt einige Geister und deren Kompetenzen vor sowie die Bereitung eines Zauberstabs. Darüber hinaus beschreibt es nur wenige magische Experiment. Eine Übersetzung folgt dem eigentlichen Grimorium Verums als eigener Teil. Es betitelt sich selbst als »Der Schlüssel von König Salomon«

Im Anhang der Bücher wurden zusätzlich eine Sammlung von »Magischer Geheimnisse« abgedruckt. Dies wurde besonders bei französischen Veröffentlichungen oft praktiziert. Diese »Geheimnisse« bestehen aus einigen kurzen Rezepten oder magischen Anweisungen für allgemeine Probleme des Alltags, zum Schutz, zum Glück beim Spiel oder für die Liebe. Diese Sammlung hat nichts mehr mit dem eigentlichen Buch zu tun. Trotzdem geben wir der Vollständigkeitshalber diese Sammlung wieder. Viele dieser Rezepte waren zahlreich im Umlauf und tauchten in einigen Büchern auf – manchmal in einer gewissen Abwandlung oder auch nur in Teilen.

Als Ergänzung zu den Fassungen des Grimorium Verums geben wir zum Schluss den »Schlüssel der Weisheit« wieder. Diese Handschrift findet sich ebenfalls in der British Library als Manuskript Sloane 3645. Es ist ganz in dem Geist des Grimorium Verums geschrieben und ergänzt einige Praktiken. So wird im »Schlüssel der Weisheit« die Bereitung der magischen Werkzeuge, das Zeichnen der Kreise und Siegel sowie das Weihen und Räuchern erklärt und leistet für die Beschwörungen der Geister im Grimorium Verum gute Dienste.

Das Grimorium Verum und der Schlüssel der Weisheit bilden eine eigentümliche Einheit – nicht nur auf der spirituellen Ebene – auch in der praktischen Anwendung ergänzen sie sich.

SALOMON

erklärt, wie und wann du deinen Schlüssel verwendest.

Grimorium Verum – erster Teil

PRÄAMBEL.[1]

Höre mir aufmerksam zu, mein Sohn Roboam, wie ich, Salomon, Weisheit und Erkenntnis über alle Dinge von Gott empfangen habe. »Warum (antwortete Roboam) erhalte ich den gleichen Verdienst wie mein Vater Salomon, der durch den Engel Gottes das Wissen über alle erschaffen Dinge erhalten hat?«, und Salomon antwortete: »Höre auf meine Stimme, mein Sohn, du wirst schöne Dinge hören; eines Nachts, als ich ins Bett ging und im heiligen Namen Gottes nachsann, bat ich um die unfehlbare Erkenntnis aller Dinge; dann erschien mir der Engel Gottes und er sagte zu mir: ‚Salomon, dein Gebet vor Gott war nicht vergebens; und umso mehr, da du nicht darum gebeten hast, um viele Jahre zu leben, um großen Reichtum, um den Ruin deiner Feinde, sondern für die Klugheit, um ein gutes Urteil zu fällen[2], darum hat dir der Herr ein weises Herz und so viel Verstand gegeben, wie es noch nie gegeben hat, noch jemals nach dir geben wird.‘

Merke dir diese Worte und siehe, dass ich das gesamte Wissen und die Erkenntnis über alle Geschöpfe und himmlische Dinge habe. Ich weiß, dass alle Wissenschaften eitel sind, und da es keine vollkommene und beständige Kunst gibt, habe ich ein unbestreitbares und wahres Werk zusammengestellt, das ich betitele mit: *der Schlüssel*, in dem

---

[1] Diese Präambel findet sich nur in den italienischen Fassungen; sie ist uns aus »Das Buch der wahren schwarzen Magie« bekannt.

[2] Vgl. 2 Chr 1,11 »Gott antwortete Salomo: Weil dir das am Herzen liegt, weil du nicht um Reichtum, Vermögen, Ehre oder um den Tod deiner Feinde, auch nicht um langes Leben gebeten hast, sondern weil du um Weisheit und Einsicht gebeten hast, um mein Volk zu regieren, zu dessen König ich dich bestellt habe …«

ich alle Geheimnisse der magischen Kunst verborgen und eingeschlossen habe, ohne die man keine dieser Wissenschaften erwerben oder ausüben kann. Ich habe also diesen Schlüssel niedergeschrieben, denn wenn mit diesem Schlüssel kann man den Schatz öffnen, er öffnet das Wissen und das Verständnis für die magischen Künste. Siehe, oh mein Sohn! und profitiere von meiner Arbeit und auf dass alles gut vorbereitet sei. Darum, oh mein Sohn! gebiete ich dir durch den Segen, den du von mir erwartest, dass du eine Kassette aus Ebenholz machst, in die du meinen Schlüssel legen sollst; und wenn ich von diesem Leben zum anderen hinübergehe, sollst du sie in mein Grab legen, damit es niemals in die Hände der Unrechtschaffenen fällt.« Es geschah, wie Salomon es befohlen hatte.

Schließlich, nach dem sie lange verborgen lag, ließen einige Philosophen aus Babylon das Grab renovieren, um es zu verschönern. Als sie gruben, wurde diese Kassette gefunden, sie wurde von den Philosophen genommen und geöffnet; aber keiner von ihnen konnte etwas wegen seiner Dunkelheit begreifen, mit Ausnahme von einem von ihnen, genannt Jroë Greco. Er betete und bat Gott mit Tränen in den Augen, er solle ihm die Gnade gewähren, zu dieser Wissenschaft zu gelangen, damit er, durch seine Hilfe würdig sein würde, diese Wissenschaft und die Geheimnisse dieses Schlüssels zu verstehen. Auf der Stelle erschien ihm der Engel des Herren, und er sagte zu ihm: »Sei nicht verwundert, wenn die Geheimnisse Salomons so verborgen sind, denn der Herr hat gewollt, dass dieses Wissen niemals in die Hände der Unrechtschaffenen und Unreinen falle. Versprich mir stattdessen, keinem Lebewesen zu offenbaren, was ich dir zeigen werde, und wissen, wie man es bewahrt, sonst werden die Geheimnisse entweiht und haben keine Wirkung.«

Dies versprach Jroë; sofort darauf verschwand der Engel Gottes und sagte: »Geh und lies den Schlüssel; die Worte, die für dich so obskur waren, werden sich dir offenbaren und sich zu erkennen geben.« Jroë verharrte in großer Freude, als er sah, dass es der Engel des Herrn war. Als er dann das Werk sah, fand er es verändert vor, so dass er leicht alles verstehen konnte. Als Jroë ahnte, dass diese Arbeit leicht in die Hände der Unrechtschaffenen und Unwissenden fallen könnte, sagt er: »Ich beschwöre all jene, in dessen Hände dieses Geheimnisse fallen könnte, durch die Macht Gottes und seine Weisheit, dass dieser Schatz nicht in die Hände der Ungerechten falle und sich denen offenbart, die nicht weise und gottesfürchtig sind; darum bete ich, dass sie es niemals erlangen werden.«

Jroë verstaute den Schlüssel zurück in die Ebenholzkassette. Die Worte dieses Schlüssels lauten wie sie nun in diesem Buch gefunden werden und beschrieben stehen.

ANMERKUNG DES HERAUSGEBERS.

Die Geheimnisse dieser Wissenschaft wurden jahrhundertelang von den Despoten und Führern des italienischen Landes verschmäht, um das Volk in Unwissenheit gebunden zu halten, obwohl gerade diese Führer selbst in abergläubischer Bigotterie und irrigen Überzeugungen geboren und aufgewachsen waren und nicht begierig darauf waren die Wahrheit zu erforschen. Es ist jedoch an der Zeit, den Nebel der Unwissenheit zu lichten, um dem Licht der Wahrheit Platz zu machen. Sie haben sich nach einer Zeit gesehnt, in der den Menschen die Freiheit gegeben wird, die Grundlagen dieser wahrhaft göttlichen Wissenschaft zu studieren und zu entdecken – die so genannt wird, weil sie von einem Engel Gottes offenbart wurde – die sonst *okkult* genannt wird.

Ich habe ein tiefes Vertrauen und gelobe zum Wohle der Menschheit, damit es von den Gelehrten sorgfältig studiert werden kann, damit unser Italien wie andere Nationen auf Menschen zählen kann, die in den okkulten Wissenschaften versiert sind.

GRIMORIUM VERUM

DER WAHRE SCHLÜSSEL SALOMONS.

Hier beginnt das Sanctum Regum[3], genannt König der Geister, oder die Schlüssel Salomons, ein sehr gelehrter Nekromant und Rabbi der Juden.

Der ersten Teil enthält verschiedene Anweisungen zu Charaktere, durch deren Kraft die Geister, oder besser gesagt, die Teufel, angerufen werden können, um sie erscheinen zu lassen, wann imm du es willst, jeder gemäß seiner Macht, um sie zu zwingen, alle Forderungen zu erfüllen, wonach sie gefragt werden, ohne jedes Ärgernis, sofern sie besänftigt werden, denn diese Art der Wesen geben nichts umsonst.

Auch finden sich im ersten Teil die Mittel, diese Geister wieder zurückzuschicken, ob nun die Elementargeister der Luft, der Erde, der See oder der Hölle, wie du es in den Mitteln, die gelehrt werden, sehen wirst.

IM ZWEITEN TEIL.

Hier werden die natürlichen und übernatürlichen Geheimnisse gelehrt, wie die Macht der Dämonen wirkt; du wirst auch die Mittel finden, sie anzuwenden, ohne getäuscht zu werden.

---

[3] Lat. für »heiliger König«; in anderen Zauberbüchern findet man »Sanctum Regnum«, das wäre eigentlich passender: »Heiliges Königreich«.

Im dritten Teil.

Du findest im dritten Teil den Schlüssel zum Werk, zusammen mit der Methode, wie er angewendet wird. Aber bevor du in die Materie eintauchst, ist es notwendig, über folgende Charaktere unterrichtet zu werden.

Hier beginnt der Schlüssel zum Werk.

Es gibt drei Mächte, sie heißen Luzifer, Beelzebuth und Astaroth. Du musst den hier abgebildeten Charakter auf die richtige Weise und in den passenden Stunden zeichnen[4].

Videas et fades. Crede mihi, nihil præter mittendum est[5].

Du musst die besagten Charaktere bei dir tragen. Wenn du ein Mann bist, dann in der rechten Tasche, und sie müssen mit deinem eigenen Blut geschrieben sein oder mit dem der Meeresschildkröte. Füge die beiden Anfangsbuchstaben deines Namens und deines Taufnamens in die beiden unteren Ecken schreiben[6].

Alternativ: Füge in die beiden Halbkreise den ersten Buchstaben deines Vornamens und deines Nachnamens ein[7].

---

[4] Leider fehlt eine eindeutige Zuweisung zu einem Charakter.

[5] Lat.: Glaube mir, alles ist von Bedeutung, nichts darf vergessen werden.

[6] Die folgende Grafik ist bei Alibeck zumindest auf der vorhergehenden Seite abgebildet und hätte auch Ecken.

[7] Nach dieser Beschreibung nach Blocquel könnte es sich um die übernächste Figur handeln, sie hat einen Halbkreis mit einem N.N. Die Grafik stammt aus dem »Grimoire des Papstes Honorius«, aus der franz. Druckfassung von 1670. Interessanter Weise befindet sich dieses Siegel im besagten Buch ohne Bezug auf irgendeine Textstelle.

Grafik oben: diese ist wahrscheinlich bei Blocquel gemeint.

Grafik oben: vielleicht die erwähnte mit einem Halbkreis.

Und wenn du mehr wünschst, kannst du den Charakter auf einen Smaragd oder Rubin zeichnen, weil beide Steine eine große Sympathie den Geistern entgegenbringen, besonders bei den Geistern der Sonne, da sie die klügsten und vertrautesten und sogar besser als die anderen sind. Wenn du eine Frau bist, dann trage den Charakter an der linken Brust wie eine Reliquie; und pass immer gut darauf auf. So wie das andere Geschlecht, zeichne den Charakter am Tag und in der Stunde des Mars. Fac, obedias spiritibus qui tibi obedient[8].

Die Vorbereitung wird im Kapitel über die Beschreibung der Geister erklärt, was unbedingt gelesen und beachtet werden muss, um Kenntnis über dieses göttliche Werk zu erlangen. Die Geister, die mächtig und erhaben sind, dienen nur ihren vertrauten und innigsten Freunden durch einen Pakt, der durch bestimmte Charaktere geschlossen wurde, durch den Willen von Singambuth[9] oder seines Dieners. Caveas, lector vel operator, ne tales Spiritus te in promptu accipiant[10].

Rabidanadas: über ihm werden wir dich noch informieren und dir vollkommene Kenntnis geben, um ihn anzurufen, ihn zu beschwören und ihn zu zwingen, wie du im Schlüssel noch sehen wirst[11]. Später wird dir gesagt, auf welche Weise man einen Pakt mit den Geistern schließt, je nach Charakter und Temperament desjenigen, der sie anrufen will; dieses wird schwer zu erkennen sein, denn … sic volo, sic jubeo, sic pro ratione voluntas[12].

---

[8] Tu es so, sei den Geistern gehorsam, dann sind sie dir gehorsam.

[9] Leider erhalten wir über diesen Geist keine weiteren Informationen mehr.

[10] Der Leser oder Operateur möge aufpassen, damit die besagten Geister ihn nicht überrumpeln.

[11] Leider sehen wir auch von diesem Geiste in diesem Buche nichts mehr.

[12] Ich will es, ich befehle es; mein Wille ist Grund genug.

PLAN DER PLANETEN[13].

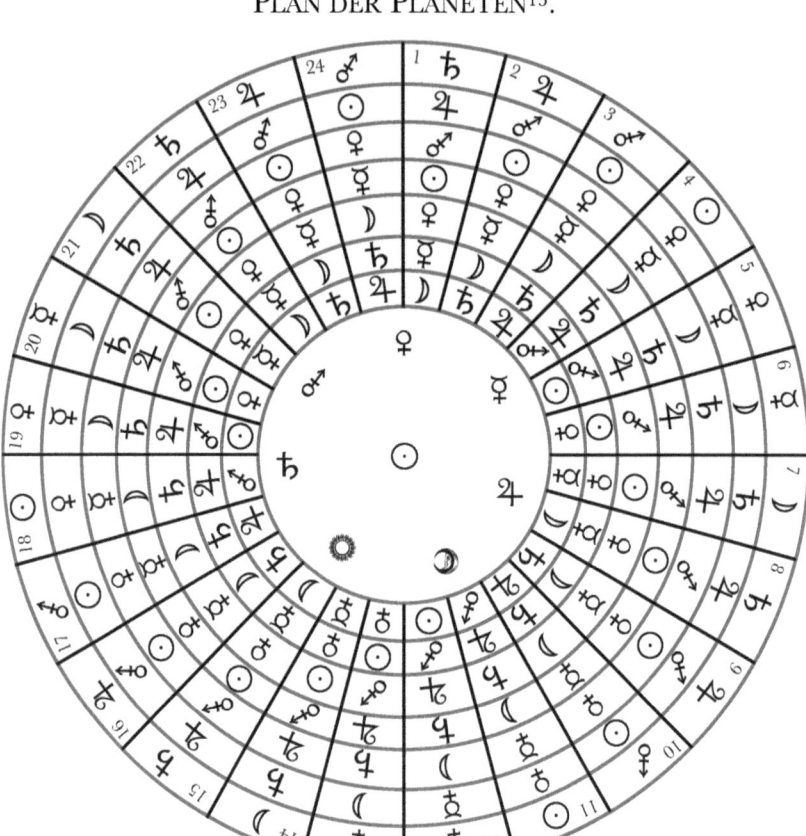

---

[13] Diese Grafik wird immer wieder herangezogen als magische Siegel, zumindest einige Reihen davon. Grundsätzlich lässt sich mit ihr für jede Tag und jeder Stunde der vorherrschende Planet ermitteln. Im äußersten Kreis steht bei der 1 das Zeichen des Saturns (Samstag). In der zweiten Stunde herrscht dann Jupiter etc. Die zweite Reihe beginnt mit dem Jupiter (Donnerstag) etc.

Die dunklen und verborgenen Sachen werden zu klar, wenn sie weiter erklärt werden. Das sage nicht ich, sondern auch durch die Untertanen, weil Rabidinadap betreffend, das heißt, es geschieht auf seinen Erlass hin.

Biete danach feinen Weihrauch an, befeuchtet mit deinem eigenen Blut oder mit dem eines jungen Ziegenbocks, und an diesem Ort wird der Geist des Ostens angerufen.

Somit ist dieser Text eine kleine Unterrichtung, aber es ist sicher, wenn du zu ein wenig Schmerz und Sorgfalt bereit bist, dann wird er sogleich erscheinen[14].

VON DER NATUR DES PAKTES.

Es gibt nur zwei Arten eines Paktes, den stillschweigenden und den ausdrücklichen. Du wirst den einen vom anderen unterscheiden können, wenn du meine kleine Arbeit gelesen hast. Wisse jedoch, es gibt viele Arten von Geistern, einige sind angebunden, die anderen sind nicht angebunden oder aber nur wenig.

Bei den angebunden bedeutet es, dass du ihnen etwas geben musst, das dir gehört, wenn du einen Pakt mit ihnen schließt, dann sei auf der Hut, quia amicus fiet capitalis, fiet inimicus[15].

VON DEN ARTEN DER GEISTER.

Hinsichtlich der Geister gibt es die Übergeordneten und die Untergeordneten. Die Namen der Übergeordneten sind: Luzifer, Beelzebuth, Astaroth. Der Fürst beherrscht drei Grafen, die Geister können alles

---

[14] Der letzte Teil steht in Latein: »hoc in promptis apperebit.«

[15] Wer einen Freund zu seinem Vorgesetzten macht, macht sich zum Feind.

tun. Die Untergeordneten von Luzifer leben in Europa und Asien, dort folgen sie ihm. Beelzebuth lebt in Afrika, und Astaroth bewohnt Amerika. Jeder von ihnen hat zwei, die ihren Untergeordneten alles befehlen, was der Fürst beschlossen hat, damit es in der ganzen Welt ausgeführt wird, und umgekehrt.

VOM SICHTBAREN ÄUßEREN DER GEISTER.

Geister erscheinen nicht immer in derselben Gestalt. Das kommt daher, weil sie aus geheimer Materie sind, aus aller Materie, deshalb brauchen sie etwas, das ihnen einen Körper verleiht, um uns erscheinen zu können und um die Gestalt annehmen zu können, der ihnen gefällt. Aber pass auf, damit sie dich nicht erschrecken.

Luzifer erscheint in der Gestalt und Figur eines blonden Jungen. Ist er böse, erscheint er rot, dennoch gibt es nichts Monströses an seiner Erscheinung.

Beelzebuth erscheint manchmal in furchterregender Gestalt, manchmal wie ein riesiges Kalb, zuweilen wie ein Ziegenbock mit einem langen Schwanz, meist erscheint er in der Form einer riesigen Fliege[16]. Wenn er böse ist, spuckt er Feuer und heult wie ein Wolf.

Astaroth erscheint in den Farben Schwarz und Weiß, meistens in einer menschlichen Gestalt, aber manchmal auch in der Gestalt eines

---

[16] Auch „Baal Zebub", (Baal = Herr, Fürst); bedeutet: »Herr der Fliegen«. Ursprünglich ein Gott der Philister (der Stadt Ekron), wurde dann zum Synonym des Teufels. Vielleicht auch ursprünglich Baal Zebul = erhabener Herr, wurde dann verballhornt, um ihn zu degradieren. Vgl. 1 Kö 1,2 ff »Ahasja war in Samaria durch das Gitter seines Obergemachs gefallen und hatte sich verletzt. Er sandte Boten ab mit dem Auftrag: Geht, befragt Beelzebul, den Gott von Ekron, ob ich von diesem Leiden genesen werde!«

Esels. Unten sind die drei Charakter von Luzifer unter seinem Kreis abgebildet.

VOM ANRUFEN DER GEISTER.

Es ist einzig notwendig, sie durch ihre von ihnen selbst offenbarten Charaktere anzurufen. Und wenn du von ihnen etwas haben oder erhalten möchtest, rufe sie mit der Methode, wie sie im dritten Buch erklärt wird, aliter frustra laborares.[17]

VON DEN UNTERGEORDNETEN GEISTERN,

die Luzifer unterstellt sind, das sind Satanakia und Agalierap[18]. Die Geister unter Beelzebuth sind Tarchimache[19] und Fleruty. Die beiden unter Astaroth sind Sagathana, Nesbiros. Ihre Charaktere sind wie folgt[20].

---

[17] Sonst wird deine Arbeit vergebens sein.

[18] Bei Bestetti und Muzzi: »Satanachia,et Agalierep«

[19] Bei Muzzi: Tarchimac.

[20] Den Verweis auf die Charaktere findet sich bei Blocquel, jedoch keinerlei Grafiken zu den Geistern.

Luzifers Charakter.

Die folgenden Charaktere sind von Beelzebuth und Astaroth unter ihren Kreisen, *die du nutzt, wenn du sie anrufen möchtest*[21].

Beelzebuths Charakter.

Astaroths Charakter.

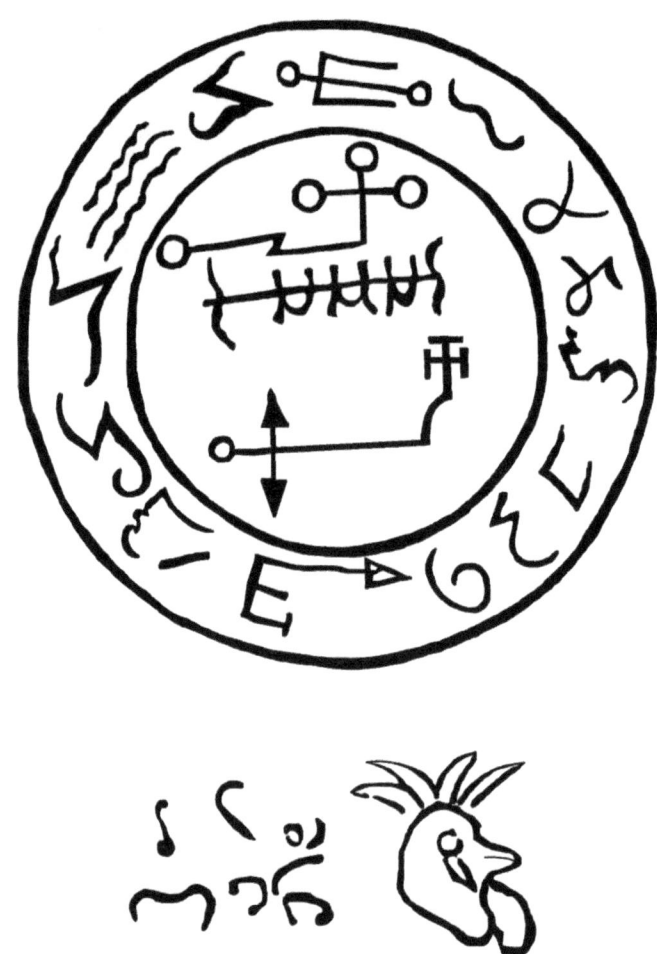

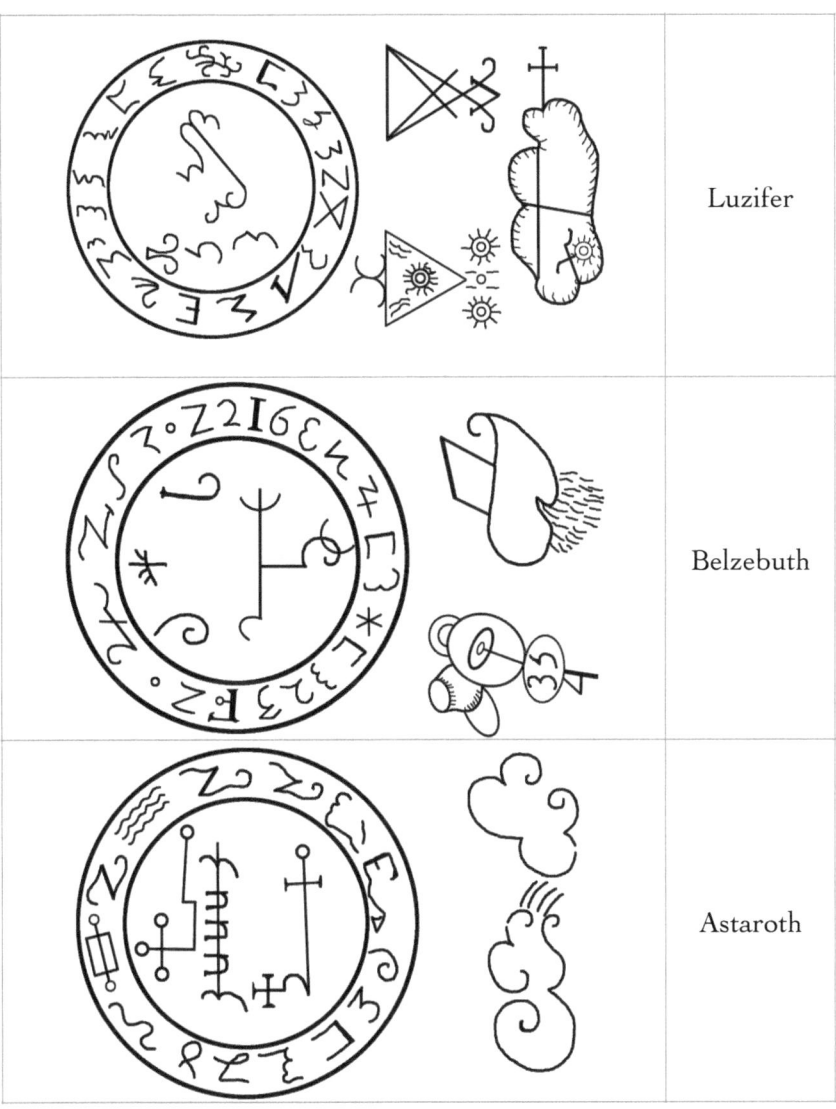

	Luzifer
	Belzebuth
	Astaroth

Diese Grafiken der drei genannten Geister finden sich bei Blocquel.

DIE BILDER DER GEISTER NACH DEM GRAND GRIMOIR[22].

LUCIFER,
Empereur.

BELZEBUTH,
Prince.

ASTAROT,
grand Duc.

---

[22] Da die Zeichen der Geister im Grimorium Verum nicht vollständig wiedergegeben werden, diese aber im Grande Grimoire abgebildet sind, folgen hier die Bildnisse der Dämonen. Außerdem zeigen sich hier die drei übergeordneten Geister in einem etwas klarerem Bild, als im G. Verum – wahrscheinlich sind dies die ursprünglicheren Bilder.

LUCIFUGE',
Premier Ministre.

SATANACHIA,
Grand Général.

AGALIAREPT,
aussi Général.

FLEURETY,
Lieutenant-Géner.

SARGATANAS,
Brigadier.

NEBIOS,
Maréchal de Camp.

Abgesehen von diesen gibt es noch weitere Dämonen, die unter dem Fürsten Syrach stehen. Von ihnen gibt es achtzehn, ihre Namen lauten[23]:

Alibeck	Blocquel	Bestetti/Muzzi
1. Bechard	Clauneck	Bèchard
2. Frimost	Musisin	Frimost
3. Klepoth	Bechaud	Klepoth
4. Khil	Frimost	Khil
5. Merfilde[24]	Klepoth	Merfilde
6. Clisthert	Khil	Clistheret
7. Silcharde	Merfilde	Silcharde
8. Segal	Clisthert	Segal
9. Hicpacth[25]	Sirchade	Hicpacth
10. Humots	Segal	Humots
11. Frucissière	Hicpacth	Frucissière
12. Guland	Humots	Guland
13. Surgat	Frucissière	Surgat
14. Morail	Guland	Morail
15. Frutimière	Surgat	Frutimière
16. Claunech	Morail	Claunech
17. Musifin	Frutimière	Musifin[26]
18. Huictugaras	Huictiigaras	Huictugaras

Es folgen ihre Charaktere.

---

[23] Diese Liste der Namen in der Spalte Alibeck müsste die älteste sein, es gibt sie mit leicht unterschiedlichen Namen. Da sich die Namen in den unterschiedlichen Veröffentlichungen unterscheiden, hier auch die alternativen Listen. Die nachfolgenden Grafiken finden sich bei Blocquel.

[24] Wird manchmal auch als Merfide geschrieben.

[25] Wird manchmal auch als Hiepacth geschrieben.

[26] Bei Muzzi Musofin.

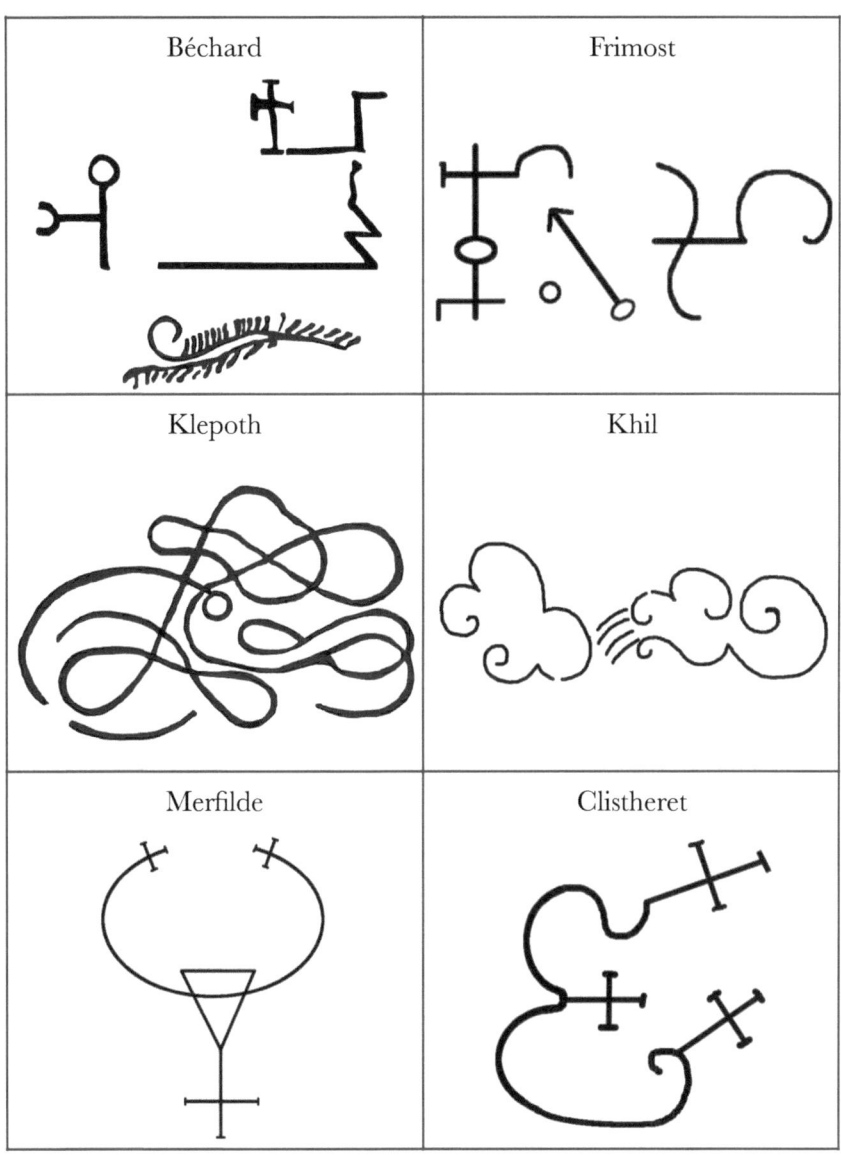

Silchade	Segal
Hicpacth	Humots
Frucissière	Guland

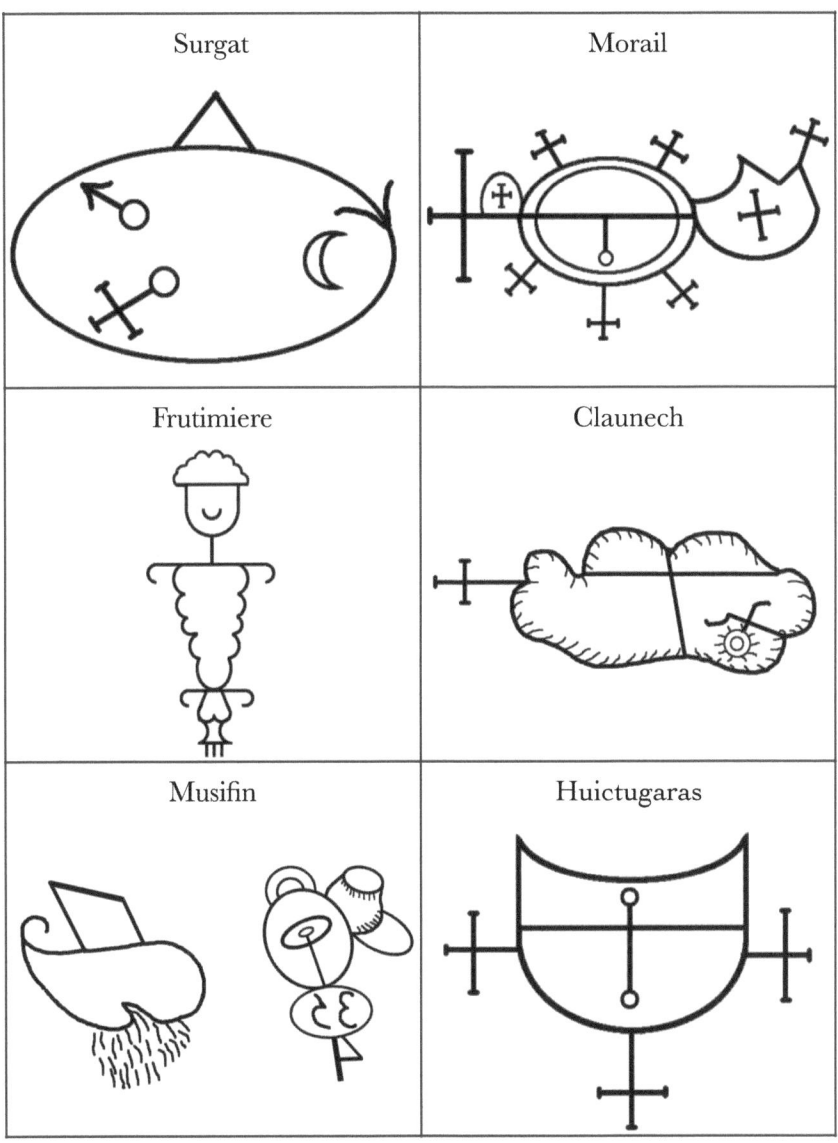

Surgat

Morail

Frutimiere

Claunech

Musifin

Huictugaras

ALTERNATIVE CHARAKTERE DER GEISTER

Nahezu alle Siegel werden teils auf dem Kopf stehend oder spiegelverkehrt dargestellt. Eine »richtige« Positionierung ist kaum zu recherchieren; ich habe mich hier nach der mehrheitlichen Darstellung gerichtet. In verschiedenen Ausgaben sind folgende alternative Siegel zu finden:

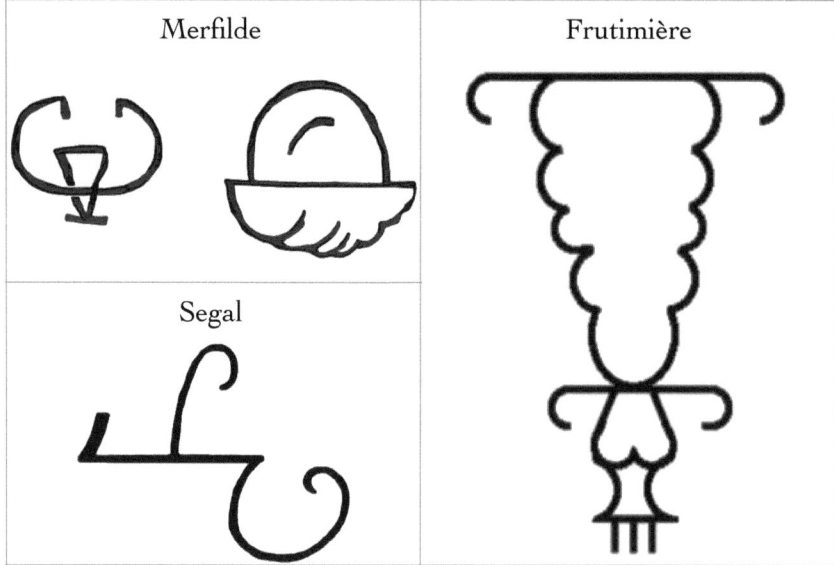

Dieses Siegel von Merfilde findet sich in den italienischen Ausgaben und in manchen französischen. Dieses Siegel von Segal findet sich bei Blocquel; Frutimière wird mal mit und mal ohne »Kopf« dargestellt. Außerdem stellt Blocquel das Siegel von Khil mit dem Zeichen von Segal, der doppelten Schlaufe (ganz oben), dar.

Der zweite Teil des S. S[27].

BESCHWÖRUNG

Agla * Adonay * Jehova[28]

Es gibt noch viele andere Dämonen, aber weil sie keine Macht besitzen, werden wir hier nicht von ihnen sprechen.

Die Mächte der achtzehn oben erwähnten sind diese:

BÉCHARD hat Macht über Regen, Hagel, Blitz und Donner, sowie über Kröten oder anderen Dingen dieser Art.

FRIMOST hat Macht über Frauen und Mädchen und wird dir helfen, in ihren Genuss zu kommen.

KLEPOTH lässt dich alle möglichen Tänze sehen.

KHIL verursacht große Erdbeben.

MERFILDE hat die Macht, jeden sofort an jeden Ort zu transportieren, wohin du auch willst.

CLISTHERET lässt dich Tag oder Nacht haben, wann immer es dir gefällt.

SILCHARDE hat die Macht, dir alle Arten von Tieren von jeglicher Art zu zeigen.

SÉGAL zeigt alle Arten von Wundern und Chimären, sowohl natürliche als auch übernatürliche.

---

[27] »Secret des Secrets« also das Geheimnis der Geheimnisse.

[28] Diese einleitenden Zeilen fehlen bei den italienischen Fassungen. Anstatt Jehova steht in einigen Fassungen Jevova.

HICPACTH bringt dir sofort jede Person, auch wenn diese weit weg ist.

HUMOTS hat die Macht, dir jedes Buch zu bringen, das du wünschst.

FRUCISSIÈRE kann Toten wiedererwecken.

GULAND hat die Macht, alle Krankheiten auszubrüten und zu verursachen.

SURGAT öffnet jede Art Schloss – auch ohne Schlüssel.

MORAIL kann alles auf der Welt unsichtbar zu machen.

FRUTIMIÈRE bereitet dir alle Arten von Banketten.

CLAUNECH hat Macht über Güter und über Reichtümer, er kann diejenige, die einen Pakt mit ihm schließen, dazu verhelfen, verborgene Schätze zu finden. Er kann große Reichtümer schenken, denn er wird von Luzifer sehr geliebt. Durch ihn kommt er zu einer hohen Summe Geld. Gehorche ihm und er gehorcht dir.

MUSIFIN hat Macht über die großen Herren, er liefert Nachrichten über alles, was in fremden Ländern geschieht und über die Angelegenheiten der Verbündeten.

HUICTUGARAS verursacht Schlaf oder Wachheit, und für andere eine sehr unerwünschte Schlaflosigkeit.

Unter Satanachia und Sa\-taniciæ stehen vierundfünfzig Dämonen, nach einigen anderen zufolge sind es fünfundvierzig. Unter deren Macht gibt es vier, zwei Hauptdämonen und zwei andere, die nicht von großer Bedeutung sind; die vier sind folgende: 1° Sergutthy, 2° Heramael, 3° Trimasael und 4° Sustugriel. Diese Geister sind von großem Vorteil – sie arbeiten gut und schnell – für den Fall, dass sie mit dem Operateur zufrieden sind, das heißt mit dem, der etwas von ihnen will.

VON IHRER MACHT.

1. Serguthy hat Macht über Frauen und Mädchen, vorausgesetzt es ergibt sich eine gute Gelegenheit.

2. Héramael lehrt die Kunst der Medizin, vermittelt ein vollständiges Wissen über alle Krankheiten, wie sie völlig und radikal geheilt werden, macht alle Pflanzen im Allgemeinen bekannt, den Ort, wo sie herkommen, und wann sie gepflückt werden müssen, über ihre Kräfte und wie man sie für eine vollkommene Heilung zusammensetzt.

3. Trimasael unterrichtet Chemie und alle Arten von Taschenspieler-tricks. Er unterrichtet auch das Geheimnis, das Projektionspulver[29] herzustellen, das die Kraft hat, unedle Metalle wie Blei, Eisen, Zinn[30], in wirklich gutes Silber und gutes Gold zu verwandeln, in die wahre Sonne und in den wahren Mond, gemäß seines Schwurs etc. Allerdings muss er mit dem Operateur zufrieden sein, und umgekehrt.

4. Sustugriel unterrichtet die Kunst der Magie. Er vermittelt Dienst-geister, die zu allen Zwecken eingesetzt werden können, und er gibt auch Mandragora (Alraune).

Unter den beiden Agalieraps und Tharithimal[31].

---

[29] Das Projektionspulver ist im alchemistischen Werk der Stein der Weisen, der in das unedle Metall geworfen – also projiziert – wird.

[30] Die italienischen Fassungen nennen statt Zinn Kupfer, andere fügen noch Quecksilber hinzu.

[31] Der Satz ist nicht vollständig. Vielleicht stehen die zuvor genannten unter diesen bei-den Geistern, oder die beiden gehören zu dem folgenden Geist, Elelogap. So gibt es eine Reparatur des Satzes, die lautet: »Agalieraps und Tharithimal sind die Herrscher von Elelogap, der wiederum alle Sachen regelt, die mit dem Wasser in Verbindung stehen.«

Elelogap hat Macht über das Wasser[32], und sein Charakter ist dies[33].

Unter den beiden Nebirots befinden sich zwei weitere: Hael und Sergulath.

Hael lehrt alle möglichen Zeichen zu schreiben und ermöglicht es sofort, alle möglichen Sprachen zu sprechen; er gibt Erklärungen zu den verborgensten Dingen.

Sergulath liefert alle möglichen Spekulationen und lehrt die List des Krieges und die Mittel, den Feinde zu vernichten. Ihre Charaktere folgen. Es gibt andere, die von Hael und Sergulath abhängen, die viel Macht haben und es sind acht an der Zahl:

1. Proculo, 2. Haristum, 3. Brulefer, 4. Pentagnogny. 5. Aglasis, 6. Sidragosum, 7. Minosns, 8. Bucons

DAS SIND IHRE CHARAKTERE.[34]

Minoson	Bucon
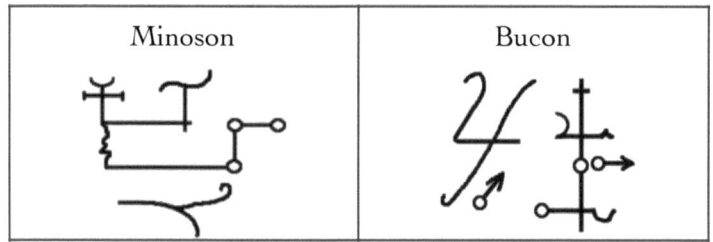	

---

[32] In den italienischen Fassungen liest man: „Elcogap hat Macht für Seereisen.“

[33] Leider wird kein Charakter angegeben.

[34] Es sind nur zwei Grafiken überliefert, das Zeichen von Minoson (bekannt als Siegel von Béchard) und das von Bucon – als Zeichen von Frimost (hier gekippt).

38

VON IHRER MACHT.

1. PROCULO, er kann eine Person achtundvierzig Stunden lang schlafen lassen, er gibt Wissen über Schlafmittel, etc.

2. HARISTUM, er kann jeden durch das Feuer laufen lassen, ohne zu verbrennen.

3. BRULEFER, macht, dass du von Frauen geliebt wirst.

4. PENTAGNONY, er hat die Macht, dich unsichtbar zu machen und macht dich beliebt bei den hohen Herren.

5. AGLASIS, transportiert dich durch die ganze Welt.

6. SIDRAGOSUM, veranlasst jedes Mädchen, ganz nackt zu tanzen.

7. MINOSUN, lässt jeden bei jedem Glücksspiel gewinnen.

8. BUCONS, er sät Hass und Eifersucht zwischen den Geschlechtern.

In der italienischen Fassung von Bestetti ist das Kapitel »von ihrer Macht« folgendermaßen überliefert:

1. Proculuo begünstigt die Gabe der Prophezeiung und lässt uns die Zukunft vorhersagen.

2. Haristum hat die Macht, Menschen dazu zu bringen, über brennende Kohlen und durch Flammen zu gehen, ohne zu verbrennen oder Schmerzen zu verspüren.

3. Brulefer unterrichtet in Astronomie und himmlische Dinge.

4. Pentagnony hat die Macht, dich unsichtbar zu machen und dich dazu zu bringen, von den hohen Menschen der Erde geliebt zu werden.

5. Aglas hat die Macht, alle deine Feinde zu vernichten.

6. Sidragosum lässt junge Mädchen gegen ihren Willen tanzen.

7. Minosum lässt bei jeder Art von Spiel gewinnen.

8. Bucons hat die Macht, Hass und Eifersucht zwischen den Geschlechtern zu verbreiten.

BESCHWÖRUNG[35]

Sergulath, Hèramael, Trimasael, Sustugriel, Agalieraps, Tharithimal, Elgõapa, Nebiros, Hael und Sergulath; und auch Proculo, Haristum, Brulefer, Pentagnegni, Aglasis, Sidragosum, Minosum und Bucons, zusammen mit dem großen, mächtigen und heiligen Adonay, lasset euch sehen; kommt, eilt auf Befehl von N ... N ... herbei und stellt euch durch eure höchste, höchste Macht unter seinen Befehl und seinen Willen, damit er alles erreichen kann, was er begehrt.

Santus, santus regum verba praeterague nihil! Omnis spiritus rexurgat! Pax voluntas, fiat voluntate mea.

Wir haben genug über die Geister gesagt; im nächsten Abschnitt werden wir über die Beschwörungen und die Art und Weise sprechen, wie man sie zwingt zu erscheinen.

Es ist notwendig, alles genau zu beobachten und nichts bezüglich ihrer Charaktere und der angegebenen Zeiten zu vergessen.

---

[35] Diese Beschwörung findet sich bei Muzzi.

Der dritte Teil des S.S.

BESCHWÖRUNG.

HELOY † TAU † VARAF † PANTHON † HOMNOR-
CUM † ELEMIATH † SERUGEATH † AGLA † ON †
TETRAGRAMMATON † CASILY.

Diese Beschwörung muss auf Jungfern-Pergament geschrieben werden mit dem Charakter des Dämons Scirlin[36], zu Beginn des Buches[37]
gezeigt wird, denn davon hängt alles weiter ab; er ist der Vermittler,
und er kann sie zwingen, dass sie kommen und erscheinen, als hätte er
die Macht des Fürsten.

GEBET ZUR VORBEREITUNG.

Herr, Gott Adonay, du hast den Menschen nach deinem Bilde
und dir ähnlich aus dem Nichts erschaffen! Ich bin ein un-
würdiger Sünder, ich bitte dich, lass dich herab, segne † und
heilige † dieses Wasser, so dass es für meinen Körper und
meine Seele gesegnet ist und dass alle Unreinheit von mir
weicht.

Herr, Gott, Allmächtiger und Unbeschreiblicher, du hast dein
Volk aus dem Land der Ägypten geführt, du hast es ihnen
ermöglicht, das Rote Meer trockenen Fußes zu durchqueren!

---

[36] Auch Scyrlin, bei Blocquel »Claunech« – fraglich worauf er sich bezieht.

[37] Leider gibt es keinen Charakter zu Beginn des Buches. Andere Fassungen sprechen
von »dem auf S. 17 gezeigtem Siegel«, ohne dass sich dort eins befindet. Damit wäre
ein zentraler Punkt des Rituals nicht erfüllbar. Blocquel nennt den Geiste Claunech,
damit wäre das Problem gelöst.

Gewähre mir durch deine Gnade, dass ich durch dieses Wasser von all meinen Sünden gereinigt werde, so dass ich unschuldig vor dir erscheinen kann! Amen.

Wir werden im Folgenden über die Vorbereitung für die Stunden des Sanctum Regum sprechen.

DAS MAGISCHE MESSER.[38]

Es ist notwendig, ein Messer oder Federmesser und eine Lanzette oder Stichel aus neuem Stahl zu haben, das am Tag und in der Stunde † des Jupiters ♑ ♃ bei zunehmendem Mond gemacht wurde.

Wenn du fertig bist, sprich darüber das folgende Gebet oder die Beschwörungsformel, die dem Messer, Federmesser und der Lanzette oder Stichel dient.

BESCHWÖRUNG.

Ich beschwöre dich, oh N., Form des Instruments, durch Gott den Vater, den Allmächtigen und durch die Kraft des Himmels und der herrschenden Sterne, durch die Kraft der Engel und durch die Kraft der Elemente, der Steine, der Pflanzen und durch alle Tiere, durch die Kraft des Hagels und der Stürme, Winde; mögest du jetzt solche Kraft erlagen, so dass du für uns Vollkommenheit in all den Dingen erlangen kannst, die wir erreichen wollen und die wir planen, ohne Schaden oder Täuschung, durch Gott, den Schöpfer der Sonne und der Engel! Amen.

---

[38] Siehe auch: der Schlüssel der Weisheit, 2. Buch 8. Kapitel.

Dann rezitiere die sieben Psalmen[39], und später die folgenden Worte:

> Dalmaley, Lameck, Cadat, Pancia, Velous, Merroé, Lamide-
> ek,[40] Caldulech,[41] Anereton, Mitraton: Reinste Engel, ihr
> Wächter dieser Instrumente, die für diese Dinge nötig sind.

Nun werden wir nach und nach mit den folgenden Räucherungen, Besprengung und Anrufungen fortfahren, beginnend mit dem Messer.[42]

VOM OPFERMESSER.

Am Tag und in der Stunde des Mars, bei zunehmendem Mond, mache ein Messer aus neuem Stahl, das stark genug ist, um den Hals eines Zickleins mit einem Hieb zu schlagen. Mache dafür einen Griff aus Holz, ebenfalls am Tag und in der Stunde des Mars, wie oben erwähnt und mit dem Stichel graviere auf den Griff den Charakter wie unten angegeben[43].

Besprenge und räuchere es, dann hast du ein Instrument vorbereitet, das dir gute Dienste leisten wird, wann und wo du es auch immer wünschst.

---

[39] Im Deutschen genannt die Bußpsalmen oder lat.: Psalmi Poenitentiales. Es handelt sich um die Psalmen: 6, 32, 38, 51, 102, 130, 143; in der Vulgata: 6, 31, 37, 50, 101, 129 und 142.

[40] Auch: Lamideck.

[41] Caldurech

[42] Muzzi lässt den vorangegangenen Anfang von Teil drei des S.S. aus und fährt mit diesem Satz fort.

[43] Blocquel und die italienischen Fassungen schreiben: »… den Charakter von Bechard.« Sonst ist in allen Büchern »unten« kein Charakter angegeben.

VOM BESPRENGEN UND RÄUCHERN.[44]

GEBET, DAS BEIM BESPRENGEN GESPROCHEN WERDEN SOLL.

Im Namen des unsterblichen Gottes segne und säubere ich N.N. dich von allen Unreinheiten und aller Täuschung, auf dass du weißer als Schnee sein wirst. Amen.

Dann gieße Weihwasser darüber und sprich:

Im Namen des Vaters † und des Sohnes † und des Heiligen † Geistes, Amen.

Diese Besprengung ist für jedes einzelne Instrument deiner Ausrüstung notwendig; so auch die Räucherung, die nun folgt.

Für die Räucherung brauchst du einen irdenen Krug, in dem du Kohle hineinlegst, die kurz zuvor mit einem neuen Feuer entzündet wurde, lass sie gut entflammen. Darauf lege nun das Räucherwerk, und wenn sich der Duft über das Instrument ausbreitet, dann sprich folgendes:

BESCHWÖRUNG, DIE BEI DER RÄUCHERUNG GESPROCHEN WIRD.

Engel Gottes, sei unsere Hilfe, vollende unser Werk. Zazay, Salmay, Dalmay, Angrecton, Ledrion, Amisor, Euchey, Or. Große Engel, Adonay sei bei uns und gewähre N. die Kraft, diese Macht zu empfangen und somit unsere Arbeit vollendet wird. Im Namen des Vaters † und des Sohnes † und des Heiligen Geistes † Amen.

---

[44] Siehe auch: der Schlüssel der Weisheit, 2. Buch, 18. Kapitel: von Düften und Räucherwerk.

Dann rezitiere die folgenden beiden Psalmen Deus, iudicium tuum regi da[45] und Laudate Dominum, omnes gentes.[46]

VOM JUNGFERN-PERGAMENT.[47]

Jungfern-Pergament kann auf viele Arten gemacht werden. Im Allgemeinen wird es aus der Haut einer Ziege oder eines Lammes hergestellt oder eines anderen Tieres, das unberührt sein muss.

Schreibe danach auf die Klinge AGLA mit dem Stichel nachdem du das Messer geräuchert hast. Wenn du dir kein Messer selber herstellen kannst, kaufe dir ein neues und beschwöre, besprenge und räuchere es drei Mal. Das Messer wir dir für alle Zwecke dienlich sein und um den Stab zu schneiden.

Bedenke, wenn du das Zicklein opferst, um Jungfern-Pergament herzustellen, müssen alle Instrumente auf dem Opferaltar bereit liegen.

DER STAB.

Bereite dir einen Stab von einem Haselnussstrauch, der noch nie getragen hat und schneide den Ast mit einem Hieb ab, am Tag und in der Stunde des Merkurs bei zunehmendem Halbmond. Graviere mit dem Stichel, Federmesser oder der Lanzette, gefertigt nach der Kunst, den Charakter wie unten gezeigt von Frimost[48] ein.

---

[45] Ps. 72: Von Salomon. Verleih dein Richteramt, oh Gott, dem König, dem Königssohn gib dein gerechtes Walten!

[46] Ps. 117,1: Lobet den Herrn, alle Völker, preist ihn, alle Nationen!

[47] Siehe auch: der Schlüssel der Weisheit, 2. Buch 15. Kapitel.

[48] So sagt es Blocquel und die italienischen Fassungen, andere Fassungen sprechen von Klepoth; in wieder anderen heißt es „wie unten angezeigt" ohne Angabe eines Charakters.

Dann bereite dir einen weiteren Stab von einem Haselnussstrauch, der noch nie getragen hat und der ohne Samen ist, am Tag und in der Stunde der Sonne und darauf graviere den Charakter von Klepoth[49]. Ist dies getan, sprich über deine Stäbe das folgende Gebet:

GEBET.

Weisester, stärkster Adonay, lass Dich hinab, diese Stäbe oder Zauberstäbe zu segnen und zu heiligen, so dass sie die notwendige Kraft erhalten, durch dich, oh heiligster Adonay, dessen Name lebt in Ewigkeit. Amen.

Besprenge und räuchere sie und verschließe sie in einer Truhe.

VON DER LANZETTE.

Es ist notwendig, eine neue Lanzette zu haben, beschwor und bereitet, wie das Messer oder der Sichel zuvor. Mache sie am Tag und in der Stunde des Merkurs bei zunehmendem Halbmond.

NUN FOLGT DIE METHODE, WIE DAS ZICKLEIN GEOPFERT WERDEN MUSS.

Mach es folgendermaßen: Nimm deine Ziege und lege sie auf eine glatte Oberfläche, so dass die Gurgel nach oben zeigt, damit es einfacher ist, sie aufzuschneiden. Nimm dein Messer und schneide den Hals mit einem einzigen Hieb durch, indem du den Namen des Geistes aussprichst, den du anrufen möchtest. Zum Beispiel sage:

Ich töte dich im Namen und zu Ehren von N.

---

[49] Hier heißt es je nach Fassung »den anderen Charakter«.

Das soll gut verstanden werden, und pass auf, dass du den Hals mit einem Male abtrennst, ohne einen zweiten Schlag zu benötigen – sieh zu, dass es beim ersten stirbt. Dann häute das Tier mit dem Messer, und beim Häuten sprich die folgende Beschwörung:

BESCHWÖRUNG.

Adonay, Dalmay, Lauday, Tetragrammaton, Ancréton, Areton und all ihr heiligen Engel Gottes, kommt her, lasst euch hinab, möge die Macht in diese Haut hineinfahren, so dass es richtig bereitet wird, so dass alles, was darauf geschrieben wird, Vollkommenheit erlangt.

Nimm nach dem Häuten fein gemahlenes Salz, streue es auf die Haut, die gespannt wurde. Das Salz muss die Haut gut bedecken. Bevor du das Salz verwendest, musst du den folgenden Segensspruch darüber sprechen:

EXORZISMUS DES SALZES.

Ich exorziere dich, oh Wesen des Salzes, durch den lebendigen Gott, Gott aller Götter, Herr aller Herren, alle Illusion möge dich verlassen und mögest du für uns zur Bereitung des Jungfern-Pergaments dienlich sein.

SEGEN DES SALZES.

Gott der Götter und Herr der Herren, der alles aus dem Nichts erschaffen hat und das Salz zum Heil der Menschen geschaffen hat, segne † und heilige dieses Salz, damit das, was in diesem Kreis ist, die Kraft erlangt, die notwendig ist, um die gewünschte Wirkung zu erzielen. Amen.

Ist dies getan, lasse die Haut mit dem Salz darauf einen vollen Tag in der Sonne liegen. Nimm dir dann einen glasierten Krug und schreibe den Charakter von Khil mit der Feder rund um die Außenseite.

Nimm Branntkalk, lösche ihn mit Weihwasser und fülle diesen in den Krug. Wenn er sich aufgelöst hat, gebe dein Ziegenleder hinein und belasse es lange genug darin, bis die Haare von selbst abfallen.

VOM BESPRENGEN MIT WASSER.[50]

> Herr Gott, allmächtiger Vater, mein Unterpfand und mein Leben, hilf mir, oh Heiliger Vater, denn ich vertraue dir, Gott Abrahams, Isaacs, Jacobs, und der Erzengel und der Propheten, der Schöpfer von allem. In Demut und deinen heiligen Namen rufend, obwohl ich nicht würdig bin ihn anzurufen, flehe ich dich an: segne dieses Wasser, so dass alles, auf das es gesprengt wird, Gesundheit des Leibes und der Seele erlangt, durch dich, heiligster Adonay, der herrscht in Ewigkeit.

Nachdem die Haut bereitet ist, das heißt, sobald sich bei einer Berührung die Haare lösen, nimm sie aus dem Krug und ziehe die Haare mit einem Schaber ab, der von einem Haselnussstrauch stammt. Sprich über den Schaber folgende Worte:

> Oh, höchster Adonay, gib diesem Holz die Macht, diese Haut durch den heiligen Namen Agason zu reinigen. Amen.

Ist dies getan und die Haut ist sauber, spanne sie über ein Stück neues Holz und lege Steine, die vom Ufer eines fließenden Gewässers gesammelt wurden, auf die Haut. Bevor die Steine aufgelegt werden, sprich folgendes Gebet über sie:

---

[50] Siehe auch: der Schlüssel der Weisheit, 2. Buch 10. Kapitel.

DAS GEBET DER STEINE.

Oh Adonay, größter und allmächtigster Herr, gewähre den Steinen, diese Haut zu strecken, und entferne von ihnen alle Boshaftigkeit, so dass sie durch deine Macht die nötige Kraft erhalten, die wir uns wünschen. Amen.

Lass die Haut danach trocknen; bevor du sie herunternimmst, sprich folgendes Gebet:

GEBET.

Je Agla Jod hen[51] he Emmanuel, sei der Hüter dieses Papiers oder dieser Haut, damit keine Phantasmen hineinkommen.

Ist das Gebet beendet, lass sie an der Luft, bis sie trocken ist.

Bemerkung: Der Ort muss sehr rein sein, und beim Besprengen rezitiere diese heiligen Worte:

Im Namen des unsterblichen Gottes, möge Gott dich besprengen und dich von allem Betrug und Bösen reinigen und du wirst weißer als Schnee sein. Amen.

Wenn sie trocken ist, nimm sie aus dem Rahmen. Segne, räuchere, besprenge sie und bewahre sie für den späteren Gebrauch auf. Sei sehr vorsichtig, dass sie von keiner Frau gesehen wird, insbesondere nicht von einer menstruierenden, weil die Haut ihre Wirkung verlieren würde. Außerdem muss derjenige, der dieses Papier erstellt, keusch sein.

---

[51] Auch »heu«

Sprich darüber eine Christmette, entweder am Festtag oder an einem anderen Tag. Beachte, dass sich alle Werkzeuge generell auf dem Altar befinden müssen.

VOM BESPRENGEN.

Zum Versprengen von Weihwasser binde einen Bund aus Minze, Majoran und Rosmarin mit einem Faden, der von einer reinen Jungfrau gesponnen wurde. Dieser Bund wird am Tag und in der Stunde des Merkurs gebunden, bei zunehmendem Halbmond.

VOM RÄUCHERWERK.[52]

Dieses soll aus dem Holz der Aloen, Weihrauch und Muskatblüte sein. Für den Kreis brauchst du allein die Muskatblüte. Über das Räucherwerk sprich folgendes Gebet:

GEBET DES DUFTENDEN RÄUCHERWERKS.

Gott Abrahams, Gott Isaaks. Gott Jakobs, Gott unserer Väter, segnete dieses Papier und vermehre die Kraft dieser Düfte, damit sie in ihnen die Kraft empfangen, die Geister anzuziehen, die ich anrufe, und dass alle Täuschungen durch dich davon weichen † oh heiligster Fürst Adonay, der regiert in Ewigkeit. Amen.

SEGEN DES DUFTENDEN RÄUCHERWERKS.

Lass Dich, oh Herr, hinab, segne und heilige dieses Räucherwerk, damit es ein Heilmittel für die Menschheit wird und ein Heilmittel für uns; möge es unserem Leib und unserer Seele

---

[52] Siehe auch: der Schlüssel der Weisheit, 2. Buch 18. Kapitel.

Rettung bringt, durch deine heilige Hilfe, Herr, Adonay, Gott, der regiert in Ewigkeit. Amen.

VOM FEDERKIEL.[53]

Nimm einen neuen Federkiel und segne und räuchere ihn ebenso, wie die anderen Instrumente und wenn du ihn anschneidest, dann sprich, während du ihn in der Hand hältst:

Ababaley, Samoy, Escavor, Adonay: nimm von diesem Federkiel alle Trugbilder; möge es alle Kraft und Macht für alle Dinge, die notwendig sind, haben, sowohl für die Operationen, als auch für die Charaktere und Beschwörungen. Amen.

VOM TINTENFASS.

Kaufe ein neues Tintenfass am Tag und in der Stunde des Merkurs. Zu dieser Zeit musst du auch diese Namen Gottes drumherum schreiben:

Jod, He, Vau, Hemitreton, Jod, Cados, Eloym, Sabaoth.

Danach gebe neue Tinte hinein, nachdem du sie wie folgt exorziert hast:

EXORZISMUS DER TINTE.

Ich exorziere dich, Geschöpf der Tinte, durch die Namen Anston, Cerreton, Stimulator, Adonay im Namen von dem, der alles durch das Wort erschuf und dem alles möglich ist, also hilf mir bei meinem Werk, so dass alles nach meinem Wil-

---

[53] Siehe für dieses und folgende Kapitel auch: der Schlüssel der Weisheit, 2. Buch, 13. Kapitel.

len zum erfolgreichen Ende gebracht wird, durch das Einverständnis Gottes, der herrscht von Ewigkeit zu Ewigkeit. Amen.

Dann soll die Tinte mit diesem Segen geweiht werden:

SEGEN DER TINTE.

Herr Gott, Allmächtiger, Herrscher über alle Geschöpfe, der in alle Ewigkeit regiert, der so manches Wunder an seinen Geschöpfen vollbringt, gewähre mir die Gnade deines Heiligen Geistes und segne † und heilige † diese Tinte, möge sie eine besondere Wirksamkeit haben, damit alles, was wir uns wünschen zu tun und zu schreiben, erfolgreich sein wird, durch dich, heiligster Fürst, Adonay. Amen.

Danach räuchere, besprenge und exorziere. Der, der arbeiten möchte, muss darauf achten, dass alles gut vorbereitet ist und nichts ausgelassen wurde. Genauso muss er sich selbst vorbereiten, nach der folgenden Art:

VON DER VORBEREITUNG DES OPERATORS.

Du musst drei Tage hintereinander sehr enthaltsam sein, so rigoros wie möglich, und dich der Unterhaltung und der Gesellschaft anderer, insbesondere mit Frauen, enthalten. Wasche morgens nach dem Aufstehen Hände und Gesicht und sprich dabei das folgende Gebet:

GEBET ZUR VORBEREITUNG.

Herr Gott, Adonay, der du den Menschen nach deinem Bilde aus dem Nichts erschaffen hast – ich, unwürdig und voller Sünde, flehe dich an, segne † und heilige dieses Wasser, um meinen Leib und meine Seele zu kräftigen, um mich zu reinigen und mögen es alle Täuschungen von mir fernhalten. Herr, Gott, allmächtiger und unaussprechlicher Gott, der du dein Volk aus dem Land der Ägypter geführt hast, so dass es trockenen Fußes das Rote Meer passieren konnte; gewähre mir deine Gnade, damit ich durch dieses Wasser von alle meine Sünden gereinigt werde, damit ich unschuldig vor dir erscheine! Amen.

HINWEIS.

Das Wasser muss in der oben beschriebenen Art exorziert werden, wenn du es zum Kalk gibst. Trockne danach deine Hände und Gesicht mit einem weißen, sauberen Leinen. Wisse auch, dass es notwendig ist – und zwar sehr notwendig ist – sich drei Tage von allen Sünden fernzuhalten, besonders von den Todsünden, wie stark die menschliche Schwäche auch sein mag, achte besonders auf deine Keuschheit.

Studiere während dieser drei Tage das Buch, denn es ist sicher, dass du es mit ein wenig Fleiß leicht verstehen wirst, obwohl ich nicht alles Wort für Wort erklärt habe, um nicht alltäglich zu werden, denn Perlen sind nichts für Schweine[54], aber es wird immer noch für diejenigen von Vorteil sein, die es verstehen, die Gesundheit ihres Leibes und ihrer Seele zu erhalten und strenge Geheimhaltung zu wahren, aus Angst, dass ihre Bemühungen zunichte gemacht werden. Um dies zu erreichen, musst du es also lesen und wieder lesen, bist du es verstan-

---

[54] Vgl. Mt 7,6: »Gebt das Heilige nicht den Hunden und werft eure Perlen nicht den Schweinen vor, denn sie könnten sie mit ihren Füßen zertreten und sich umwenden und euch zerreißen!«

den hast, denn du sollst wissen, in diesem kleinen Buch ist alles enthalten.

Wende dich daher den Beschwörungen zu, damit dich dein Gedächtnis zum Zeitpunkt der Operation nicht im Stich lässt. Um das tägliche Rezitieren zu üben, sollten die folgenden Gebete mehrmals am Tag rezitiert werden: einmal zur Prim, zweimal zur Terz, dreimal zur Sext, viermal zur None, fünfmal zur Vesper und sechsmal vor dem Zubettgehen[55]. Beachte, dass diese Stunden planetarisch und nicht gleich lang sind. Prime wird als Sonnenaufgang verstanden, die Terz liegt drei Stunden danach, Sext am Mittag, None liegt bei drei Viertel des Tages und Vesper am Ende des Tages, also müssen sie (mit den Jahreszeiten) angepasst werden.

GEBET.

Astrachios, Asach, Asarca, Abedumabal, Silat, Anabotas, Jesubilin, Scigin[56], Généon, Domol: oh, Herr mein Gott, der du über dem Himmel sitzt, der in dem Abgrund schaut; ich bete zu dir, gewähre mir, dass ich es wert bin, erfolgreich zu sein in den Dingen, die ich im Sinn habe – durch deine Hilfe, oh, großer Gott, der Ewige, der regiert von Ewigkeit zu Ewigkeit. Amen.

Ist dies alles einwandfrei erledigt, musst du nur noch deine Beschwörung folgen lassen und deinen Charakter zeichnen, und dies tust du folgendermaßen:

---

[55] Prim etc. sind die Bezeichnungen der Stundengebete, die Bezeichnung des letzten Gebietes am Ende des Tages (Nachtgebet) nach der »Vesper« wäre eigentlich »Komplet«.

[56] Bei Blocquel »Scingin«.

Bereite am Tag und in der Stunde des Planeten Mars, bei zunehmendem Mond und in der ersten Stunde des Tages – die eine Viertelstunde vor Sonnenaufgang liegt – das Stück deines Jungfern-Pergamentes wie beschrieben vor, und setzt dort alle Charaktere und die Beschwörungen der Geister darauf, die du rufen willst.

Binde zum Beispiel an dem erwähnten Tag und in der erwähnten Stunde an den kleinen Finger deiner Hand (dieser Finger steht unter dem Merkur) ein Faden, der von einem jungfräulichen Mädchen gesponnen wurde und steche den Finger mit der Lanzette, so dass du Blut gewinnen kannst, mit dem du deinen Scirlin[57] Charakter gestalten kannst, wie es im Anfang des Buches beschrieben steht. Dann schreibe deine Beschwörung auf, die nun folgt.

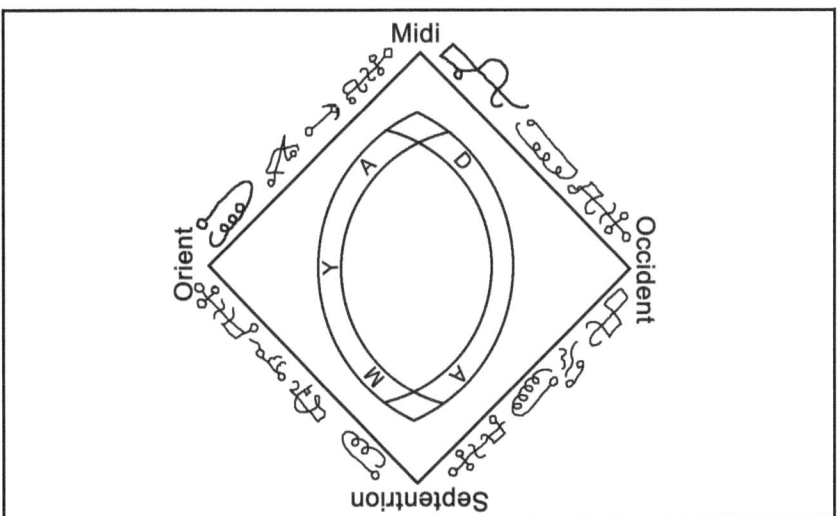

Abbildung oben: Dies ist wahrscheinlich das Zeichen, mit dem der Kreis gestaltet wird. Eine genaue Angabe zu der Grafik fehlt im Buch. U.U. ist dies auch Scirlins Charakter.

---

[57] Hier hat sich noch der Name Scirlin in den Text gerettet, ein Absatz weiter wird mit Claunech weitergearbeitet.

SCIRLINS[58] BESCHWÖRUNG.

HELON † TAUL † VARF † PAN † HEON † HOMO-NOREUM † CLEMIAL † SERUGEATH † AGLA † TETRAGRAMMATON † CASOLY †.

Siehe sein Siegel und seinen Charakter oben[59].

Schreibe den ersten Buchstaben deines Namens an die Stelle, an der im Zeichen und Charakter von Scirlin der Buchstabe A steht, den ersten Buchstabe deines Nachnamens an der Stelle, wo der Buchstabe D steht[60], dann rufe den Geist Aglasis, der einen lebhaften Charakter hat und dir schnell zu Diensten ist; er verleiht dir Macht über andere Geister. Dann, nachdem du dies gesagt und getan hast, mache den Charakter des Geistes, des Geistes, dessen Erscheinung du wünschst und räuchere ihm zu Ehren. Schreibe die Beschwörung, adressiert an den Geist, dessen Erscheinung du dir wünschst und verbrenne Weihrauch zu seinen Ehren.

BESCHWÖRUNG VON LUZIFER.

Lucifer † Ouyar † Chameron † Aliseon † Mandousin † Premy † Oriet † Naydrus † Esmony † Eparinéson † Estiot † Dumoston † Danochar † Casmiel † Havras † Fabelleronthon † Sodirno † Peatham † komme † Luzifer. Amen.

---

[58] Blocquel und die italienischen Ausgaben wechseln den Namen wieder auf Claunech.

[59] Die Referenz im Buch (planche 9) könnte am ehesten auf den Charakter von Claunech verweisen. Er fährt fort: »Schreibe den ersten Buchstaben deines Namens auf die rechte Seite und den deines Nachnamens auf die linke …«

[60] Dieser Text würde gut zu Scirlins Zeichen auf der vorhergehenden Seite passen.

BESCHWÖRUNG VON BEELZEBUTH.

Béelzebuth † Lucifer † Madilon † Solymo † Saroy † Theu †
Ameclo † Sagrael † Praredun † Adricanorom † Martiro †
Timo † Cameron † Phorsy † Metosite † Prumosy † Dumaso †
Elivisa † Alphrois † Fubentroty † komme, Béelzebuth. Amen.

BESCHWÖRUNG VON ASTAROTH.

Astaroth † Ador † Cameso † Valuerituf † Mareso † Lodir †
Cadomir † Aluiel † Calniso † Tely † Pléorim † Viordy † Cure-
viorbas † Caron † Vesturiel † Vulnavij † Benez † meus Calmi-
ron † Noard † Nisa Chenibranbo Calevodium † Brazo † Tab-
rasol † komme, Astaroth. Amen.

Hast du siebenmal die Beschwörungsformel gesprochen und an die
höheren Geister gerichtet, wird dir der Geist sofort erscheinen, und er
wird alles tun, was du auch immer wünschst.

Anmerkung. Du musst die vorhergehende Beschwörung auf Jungfern-
Pergament schreiben, bevor du sie anrufst; und wenn du zufrieden
warst, entlasse sie und sprich folgendes:

ENTLASSUNG.

Ite in pace ad loca vestra et pax sit inter vos redituri ad mecum vos invocavero, in nomine Patris † et Filii † et Spiritus †
Sancti Amen.

(Gehe in Frieden zu deiner Wohnstätte und lass Frieden zwischen dir und mir sein; sei bereit, zu mir zu kommen, wenn du
gerufen wirst, im Namen des Vaters † und des Sohnes † und
des Heiligen † Geistes, Amen)

BESCHWÖRUNGSFORMEL

DER UNTERGEORDNETEN GEISTER.

O Surmy † Delmusan † Atalsloym † Charusihoa † Melany †
Liamintho † Colehon † Paron † Madoin † Merloy † Bulerator
† Donmeo † Hone † Peloym † Ibasil † Meon † Alymdrictels †
Person † Crisolsay † Lemon Sessle Nidar Horiel Peunt †
Halmon † Asophiel † Ilnostréon † Baniel † Vermias † Eslevor
† Noelma † Dorsamot † Lhavala † Omot † Frangam † Beldor
† Dragin † komme, N.

Anstelle des N. benenne den Geist, von dem du wünschst, dass er
kommt, und er wird dir erscheinen und alles ausführen, was du willst.
Entlasse ihn im Anschluss mit den folgenden Worten:

ENTLASSUNG.

Gehe in Frieden, N., zu deiner Wohnstätte, Friede sei mit dir;
und komme jedes Mal, wenn ich dich rufe, im Namen des Vaters † und des Sohnes † und des Heiligen † Geistes. † Amen.

Dann verbrenne die beiden Charaktere, denn sie sind nur einmal
dienlich.

EINE WEITERE BESCHWÖRUNG.

Ich beschwöre dich, N., durch den Namen des großen, lebendigen Gottes, unumschränkter Schöpfer aller Dinge; mögest
du in der menschlichen Form erscheinest, angemessen und
gefällig, ohne Lärm oder Schrecken, um ehrlich auf alle meine
Befragungen zu antworten. Ich beschwöre dich, durch die
Macht des heiligen und ehrwürdigen Namens.

EINE WEITERE BESCHWÖRUNG FÜR DONNERSTAG FÜR SILCHARDE[61].

Dieses Experiment führe man nachts von der dritten bis zur vierten Stunde durch. In besagter Stunde der Anrufung wird er dort in Form und Gestalt eines Königs erscheinen; bevor man ihn entlässt, muss man ihm ein Stück Brot geben, damit dieser Geist glücklich geht und den Menschen glücklich macht. Um die verborgenen Schätze zu finden und ihn zu beschwören, zeichne ein Kreis mit Kohle, um dem diese Worte geschrieben werden: »Par Dieu Saint, par le Dieu Saint![62]«

BESCHWÖRUNG.

Ich flehe dich an, Silcharde, durch das Bild und das Gleichnis von Jesus Christus, unserem Herrn, der die Menschheit durch seinen Tod und sein Leiden erlöst hat und der durch seine Vorsehung gewollt hat, dass du hier anwesend bist; ich befehle dir bei allen Sonnenstrahlen, Agis, ich schwöre und zwinge dich durch seinen heiligen Namen und durch den Einen, der auf der Schlange wandelte und der die Löwen und die Drachen zerschmetterte, dass du meinen Befehlen gehorchst, ohne die Macht zu haben, weder dem Körper noch der Seele noch sonst wem zu schaden!

---

[61] Diese und die folgenden Abschnitte der Beschwörungen der Wochentage finden sich nur in den italienischen Ausgaben. Leider fehlen die ersten drei Wochentage (für den Montag Luzifer, für den Dienstag Frimost, für den Mittwoch Astaroth) ein solches Kapitel – »die Beschwörung der Wochentage« – befindet sich komplett im Grimoire des Papstes Honorius. Im Anhang zu diesem Abschnitt haben wir die fehlenden drei Beschwörungen aus dem G. Honorius angehängt.

[62] Bei heiligem Gott, bei heiligem Gott!

FÜR FREITAG, BÈCHARD.

Dieses Experiment wird nachts durchgeführt, zwischen elf und zwölf Uhr. Wenn er erscheint, bekommt er eine Nuss. Mache einen Kreis, wie oben beschrieben und schreibe in den Kreis: »Bèchard komme! Bèchard komme!«

BESCHWÖRUNG.

Ich flehe dich an, Bèchard und zwinge dich, zu mir zu kommen! Ich flehe dich noch einmal an bei dem heiligsten Namen Gottes, Eloy, Adonax[63], Eloy, Agla, Samalabactany[64], die in Hebräisch, Griechisch und Latein geschrieben sind, durch alle Sakramente, durch alle Namen, die in diesem Buch geschrieben stehen, und durch den, der dich aus dem Himmel geworfen hat! Ich beschwöre dich und befehle dir Kraft der Allerheiligsten Eucharistie, die die Menschen von ihrer Sünde erlöst hat, dass du unverzüglich kommst, um alles zu tun, was ich will, ohne Schaden weder am Körper, noch an der Seele, noch an denen, die bei mir sind zu verursachen!

FÜR SAMSTAG GULAND.

Diese Operation wird nachts von elf bis zwölf Uhr durchgeführt; sobald er erscheint, gibst du ihm verbranntes Brot und bittest ihn um was immer du willst, er wird dir auf der Stelle gehorchen. Um den Kreis herum wird geschrieben: »Guland tritt nicht ein! Guland tritt nicht ein! Guland tritt nicht ein!«

---

[63] Steht hier tatsächlich mit x.

[64] So bei Bestetti, bei Muzzi: »Eloy, Adonay, Onu, Agla, Samala bactany«.

BESCHWÖRUNG.

Ich flehe dich an, Guland, im Namen von Beelzebuth und Astaroth und im Namen aller anderen Geister, dass du zu mir kommst! Komm also zu mir, ich befehle es dir im Namen der Allerheiligsten Dreifaltigkeit! Komm, ohne mich zu verletzen! weder am Körper noch an der Seele noch an dem, was mir dient! Ich befehle dir, unverzüglich zu kommen, oder dass du mir einen anderen Geist sendest, der die gleiche Macht hat wie du, um meinen Befehlen zu gehorchen, und der meinem Willen unterworfen ist und nicht gehen kann, bevor er nicht alles getan hat, was ich ihm befehle!

FÜR DEN SONNTAG SURGAT.

Dieses Experiment wird nachts von elf bis eins nach Mitternacht durchgeführt; der Geist wird dich um ein Haar von deinem Haupt bitten, das du ihm gibst. Er braucht es, um versteckte Schätze und alles, was du willst, zu finden und zu entdecken. Um den Kreis schreibe: »Tetragrammaton, Ismael, Adonay, Ilma« und in der Mitte des Kreises: »Surgat komme! Surgat komme! Surgat komme!«

BESCHWÖRUNG.

Ich flehe dich an, o Surgat, durch alle in diesem Buch geschriebenen Namen, dass du bereit bist, mir so schnell wie möglich zu gehorchen, oder dass du mir einen anderen Geist, einen deiner Untertanen schickst, der mir einen Stein bringen wird, der mich unsichtbar macht, wenn ich ihn trage. Ich bitte dich, dass du jemanden schickst, der mir unterwürfig ist, um meinen Willen vollständig erfüllt, wie ich es befehle, ohne mir in irgendeiner Weise zu schaden, und dass du mir alles bringst, was ich brauche!

Wenn du alles Notwendige vom Geist erhalten hast, entlasse ihn wie folgt:

Geh in Frieden, kehre zu deiner Wohnung zurück und sei bereit, auf meinen Befehl hin zu kommen, wann immer ich dich rufe: und Friede sei immer mit uns.

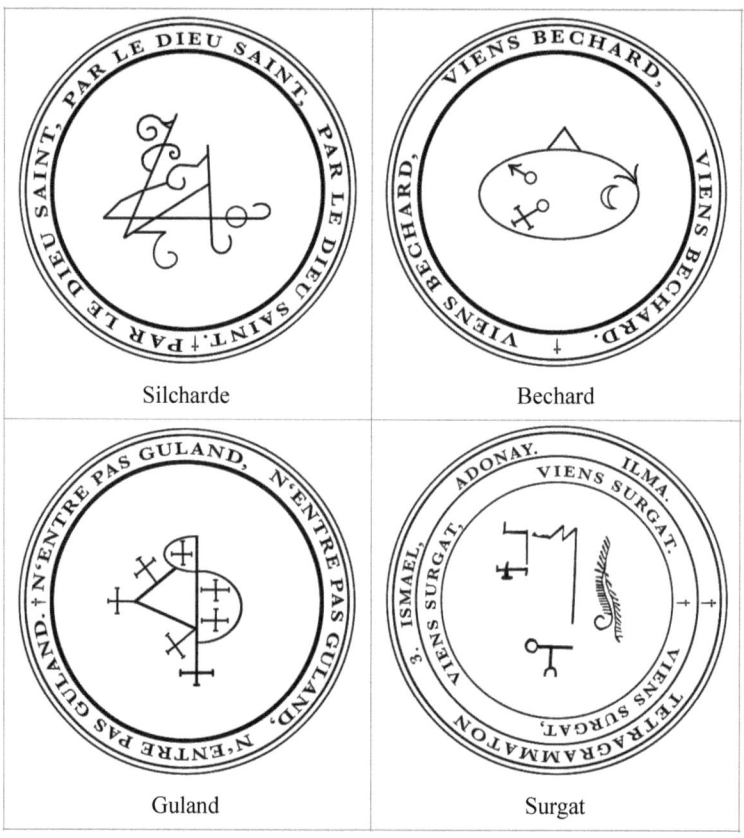

| Silcharde | Bechard |
| Guland | Surgat |

BESCHWÖRUNGEN FÜR JEDEN WOCHENTAGEN[65].

FÜR DEN MONTAG, LUZIFER.

Dieses Experiment wird im Allgemeinen zwischen elf und zwölf und zwischen drei und vier Uhr durchgeführt. Man benötigt Kohle und geweiht Kreide, um den Kreis zu zeichnen, darum herum müssen diese Worte geschrieben werden:

Ich verbiete dir, Luzifer, im Namen der heiligsten Dreifaltigkeit, in diesen Kreis einzutreten.

Man braucht eine Maus, um sie ihm zu geben; der Meister muss eine Stola und Weihwasser haben und auch eine Kutte und ein Chorhemd; beginne die Beschwörung, munter, befehlend, scharf und schnell, wie ein Herr seinen Knecht anspricht, mit allen Arten der Bedrohungen:

Satan, Rantam, Pallantre, Lutais, Cricacœur, Scircigreur, ich bitte dich demütig, mir … zu geben.

DIE BESCHWÖRUNG LUZIFERS.

Ich beschwöre dich, Luzifer, durch den lebendigen Gott, durch den wahren Gott, durch den heiligen Gott, durch den Gott, der sprach und alles wurde erschaffen; der befahl und alles wurde geschaffen und gemacht! Ich beschwöre dich bei dem unaussprechlichen Namen Gottes, On, Alpha et Oméga, Eloy, Eloym, Ya, Saday, Lux les Mugiens, Rex, Salus, Adonay, Emmanuel, Messias, und ich beschwöre, rufe dich an,

---

[65] Diese folgenden Beschwörungen und Kreise für Luzifer, Frimost und Astaroth entstammen wie angekündigt aus dem Grimoire des Papstes Honorius und sind der vollständigkeitshalber hier wiedergegeben. Die Kreise finden sich im Anschluss der drei Beschwörungen.

und bannen dich durch die Namen, die unter den Buchstaben V, 6, X ausgewiesen sind, wie auch durch die Namen Jehova, Sol, Agla, Rissasoris, Oriston, Orphitue, Phaton ipreto, Ogia, Spératon, Imagnon, Amul, Penaton, Soter, Tetragrammaton, Eloy, Premoton, Sirmon, Perigaron, Irataton, Plegaton, On, Perchiram, Tiros, Rubiphaton, Simulaton, Perpi, Klarimum, Tremendum, Meray, und durch die höchst unaussprechlichen Namen Gottes, Dieu, Gali, Enga, El, Habdanum, Ingodum, Obu Englabis, durch die du es machst, dass sie eiligst kommen, oder sende mir N., in einer schönen und menschlichen Gestalt, die in keiner Weise abstoßend ist; er möge mir wahrheitsgetreu antworten, auf das, was ich ihn auch immer frage, wobei er machtlos ist, mich oder jede andere Person zu verletzen, weder am Körper noch an der Seele.

FÜR DEN DIENSTAG, FRIMOST.[66]

Dieses Experiment wird in der Nacht zwischen neun und zehn Uhr durchgeführt. Man gebe ihm den ersten Stein, den man findet. Er ist mit Würde und Ehre zu empfangen. Man führe die gleiche Prozedur durch, wie am Montag. Gestalte den Kreis und schreibe um ihn herum:

Gehorche mir, Frimost! Gehorche mir, Frimost! Gehorche mir, Frimost!

---

[66] In der Fassung des G. Honorius von 1670 lautet der Name *Nambroth*.

DIE BESCHWÖRUNG DES FRIMOST.

Ich beschwöre dich und befehle dir, Frimost, durch all die Namen, mit denen du gezwungen und gebunden wirst; ich bannen dich, Nambroth[67], durch deinen Namen, durch die Kraft aller Geister, durch alle Charaktere, durch das Siegel Salomon, durch die die jüdischen, griechischen und chaldäischen Beschwörungen, durch deine Verwirrung und deinen Fluch; und deine Schmerzen und Qualen werden sich verdoppeln, von Tag zu Tag und für immer, wenn du jetzt nicht kommst, um meinen Willen zu erfüllen und mir alles unterbreitest, was ich verlange; sei machtlos, mir zu schaden, oder denen, die mich begleiten, weder an Körper noch Seele.

FÜR DEN MITTWOCH, ASTAROTH.

Dieses Experiment wird in der Nacht zwischen zehn und elf Uhr durchgeführt, es dient dazu, die Gunst des Königs und anderer zu erhalten. Schreiben wie folgt in den Kreis:

Komm, Astaroth! Komm, Astaroth! Komm, Astaroth!

---

[67] Hier steht in der Fassung des G. Honorius von 1760 tatsächlich Nambroth.

DIE BESCHWÖRUNG DES ASTAROTHS.

Ich beschwöre dich, Astaroth, böser Geist, durch die Worte und Kräfte Gottes, durch den mächtigen Gott und durch Jesus Christus von Nazareth, dem alle Dämonen unterworfen sind, empfangen von der Jungfrau Maria, durch das Geheimnis des Engels Gabriels. Ich beschwöre dich einmal mehr im Namen der Vaters und des Sohnes und des Heiligen Geistes, im Namen der glorreichen Jungfrau Maria und der Heiligen Dreifaltigkeit, zu dessen Ehre singen die Erzengel, die Throne, Herrschaften, Mächte, Patriarchen, Propheten, Apostel und die Evangelisten ohne Ende Hosianna, Hosianna, Hosianna, Herr, Gott der Heerscharen, der du bist, der war, und der du kommen wirst, wie ein Fluss aus brennendem Feuer! Missachte nicht meine Befehle, weigere dich nicht zu kommen. Ich befehle dir durch ihn, der mit Flammen erscheint, zu richten die Lebenden und die Toten, ihm ist alle Ehre, Lob und Herrlichkeit. Komm daher umgehend, gehorche meinem Willen, erscheine und lobe den wahren Gott, durch den lebendigen Gott, ja, durch all seine Werke; versäume es nicht, mir zu gehorchen, und dem Heiligen Geist die Ehre zu erweisen, in dessen Namen ich dir befehle.

DIE KREISE DER GEISTER.

Luzifer

Frimost

Astaroth

DAS GEBET DES SALAMANDERS[68].

Unsterblicher, ewiger, unbeschreiblicher und heiliger Vater aller Dinge, der vom Himmelswagen unaufhörlich getragen wird, von einer Welt, die sich ständig dreht: Herrscher des himmlischen Reiches, wo der Thron deiner Macht emporgehoben wird: von dort sehen deine gewaltigen Augen alles, und deine heiligen Ohren hören alles, was deine Kinder sagen, die du seit dem Beginn aller Zeiten liebst. Deine goldene und große und ewige Majestät strahlt über die Welt, den Himmel und die Sternen, und du stehst darüber; oh, sprühendes Feuer, das sich mit deinem eigenen Glanz entzündet und aus deiner Essenz entspringen unerschöpfliche Lichtströme, die deinen unendlichen Geist nähren. Dieser unendliche Geist erschafft den unerschöpflichen Schatz der Materie, der von Generation zu Generation nicht fehlen darf, durch die unzähligen Formen, die sie in sich trägt und mit denen du sie am Anfang gefüllt hast. Von diesem Geist kommt nun der Ursprung jener heiligsten Könige, die um deinen Thron sind und deinen Hof bilden, oh, universeller Vater!

Oh, universeller Vater, oh Einzigartiger, oh Vater der seligen Sterblichen und Unsterblichen! Du hast insbesondere die Mächte erschaffen, die deinen ewigen Gedanken und deine anbetungswürdige Essenz in wundersamer Weise ähnlich sind. Du hast sie höher aufgestellt, als die Engel, die der Welt deine Wünsche verkünden. Zuletzt schufst du in den Elemen-

---

[68] Salamander werden die Elementargeister des Feuers genannt. Das Gebet ist auch aus „der keine Albert" bekannt. Dieses Gebet setzt Muzzi an das Ende vom Kapitel Kabbala des grünen Schmetterlings. Die darauf folgenden Absätze finden sich nur in den französischen Fassungen.

ten eine dritte Art der Herrschaft. Unsere beständige Aufgabe ist es, dich zu loben und deinem Willen zu folgen, so dass wir darauf brennen, dich zu besitzen

Oh Vater, oh Mutter – die zarteste aller Mütter – oh du wunderbares Beispiel für Gefühl und mütterlicher Zärtlichkeit! Oh, Sohn, Blume aller Söhne! Oh, Form aller Formen! Seele, Geist, Harmonie und Namen aller Dinge, schütze uns und wir sind gesegnet. Amen.

VON DEM PENTAKEL ODER DEN DREI KREISEN SALOMONS, SOHN DAVIDS.

Ich habe hier die Form des Pentakels von Solomon abgebildet[69], welches von größter Bedeutung ist, aber du findest es auch im Grimoire des Papstes Honorius, ein Buch, auf das man kaum verzichten kann, wenn man zur vollkommenen Erkenntnis gelangen will.

---

[69] Leider fehlt die Grafik, deshalb schwenkt der Autor vielleicht auch auf die Quelle des Grimoire des Papstes Honorius. Vielleicht ist die folgende Grafik gemeint, da diese auch die drei kleinen Siegel Salomons genannt werden. Eine weitere Möglichkeit wäre das große Pentagramm, welches im Anschluss abgebildet ist – zumindest hat die Grafik die im Text erwähnten vier Pentakel in jeder Himmelsrichtung.

PROZEDUR.

Wenn du deinen Kreis zeichnest, räuchere ihn bevor du eintrittst mit dem Duft aus Moschus, Amber, Aloe-Holz und Weihrauch. Für die Beschwörungen brauchst du nur Weihrauch als Räucherwerk.

Wichtig ist noch zu bemerken, dass du während der Beschwörung ein Feuer brauchst, und wenn du räucherst, muss dies im Namen des Geistes geschehen, den du anrufen willst. Wenn du das Räucherwerk in das Feuer legst, sprich:

Ich N. verbrenne dies im Namen und zu Ehren von N.

Es soll nicht vergessen werden, dass du die Beschwörung in der linken Hand halten musst – und in der rechten einen Zauberstab aus Holunder[70] – und zu deinen Füßen einen Löffel und ein Messer.

Wenn all das bereitet ist, stell dich in den Kreis. Wenn du Begleiter dabei hast, soll einer dem anderen bei den Händen halten. Bist du im Innern, fahre die Form des Kreises mit dem Messer nach.

Halte dann den Zauberstab empor, rezitiere nach und nach den fünfzigsten Psalm (Miserere mei[71]). Ist der Kreis bereitet, räuchere ihn und besprenge ihn mit Weihwasser. Die Charaktere müssen an den vier Seiten des Kreises geschrieben werden. Es gibt allgemein vier Pentakel, in jeder Himmelsrichtung muss eins sein; sie verbieten dem Geist, den Kreis zu betreten.

Dann müssen die Beschwörungen siebenmal wiederholt werden. Wenn der Geist erscheint, zeige ihm den Charakter, den du in deiner

---

[70] Das widerspricht der Herstellung aus Haselnuss.

[71] Dieses Textfragment findet sich in der Vulgata Ps 51,3: »Miserere mei, Deus, secundum misericordiam tuam; et secundum multitudinem miserationum tuarum dele iniquitatem meam.« »Gott, sei mir gnädig nach deiner Huld, tilge meine Frevel nach deinem reichen Erbarmen!«

Hand hältst, welches dir versichert, dass er wiederkommen wird, wann immer du ihn rufst. Bitte ihn um was du willst und was du für angemessen hältst. Wenn du zufrieden bist, schicke ihn wieder zurück, indem du folgendes sprichst:

ENTLASSUNG DES GEISTES.

Ite in pace ad loca vestra et pax sit inter vos redituri ad mecum vos invocavero. In nomine Patris † et Filii † et Spiritus † Sancti. † Amen.

(Gehe in Frieden zu deiner Wohnstätte und lass Frieden zwischen dir und mir sein. Sei bereit, zu mir zu kommen, wenn du gerufen wirst, im Namen des Vaters † und des Sohnes † und des Heiligen † Geistes. † Amen.)

Magische Geheimnisse

VON DER HERSTELLUNG DES SPIEGELS NACH SOLOMON, DER FÜR ALLE WAHRSAGUNGEN NÜTZLICH IST[72].

Im Namen des Herrn, Amen. Du sollst in diesem Spiegel alles sehen, was du verlangst. Im Namen des Herrn, der gesegnet sei.

Als erstes solltest du dich während der unten beschriebenen Zeit von allen fleischlichen Genüssen und auch von jeder Sünde, sei es in Worten oder Werken fernhalten.

Zweitens musst du gute und fromme Werke vollbringen.

Nimm drittens eine Platte von feinstem Stahl, die poliert und ein bisschen gekrümmt ist. Schreibe an die vier Seiten mit dem Blut einer weißen Taube diese Namen darauf:

Jehova, Eloym, Metraton[73], Adonay.

Lege den Stahl in ein sauberes, weißes Tuch. Halte Ausschau nach dem Neumond; in der ersten Stunde nach Sonnenuntergang, wenn du ihn siehst, gehe zu einem Fenster, schaue andächtig zum Himmel, und sprich:

---

[72] Dies findet sich nur in den französischen Ausgaben, die italienischen beginnen mit dem Kapitel »Von der Wahrsagung durch Uriels Wort«.

[73] Wahrscheinlich ist Metatron gemeint.

Oh Ewiger! Oh ewiger König! Unbeschreiblicher Gott! Du, der du alle Dinge aus Liebe zu den Menschen erschaffen hast durch ein verborgenes Urteil für das Wohlbefinden der Menschen, schau auf mich, N., deinen unwürdigsten Diener und auf meine Absicht. Lasse dich hinab und sende mir deinen Engel Anael auf diesen Spiegel; er ruft, befehligt und kommandiert seine Gefährten, deine Untertanen, die du erschaffen hast – oh, mächtigster Herr, der ewig währt, der ist und immer sein wird; mögen sie in deinem Namen rechtschaffen urteilen und handeln, um mich zu Unterrichten und mir zu zeigen, was ich von ihnen verlange.

Werfe nun auf die brennende Glut ein Räucherwerk. Während du dies tust, sprich:

In dieses und durch dieses und mit diesem, das ich vor deinem Angesicht, oh mein Gott, hineinstreue, der du drei und eins bist, gesegnet seist du, Höchster und Erhabenster, der du über die Cherubim und Seraphim sitzt, der die Erde durch das Feuer richten wird, gewähre mir meinen Wunsch!

Sprich dies dreimal, dann hauche dreimal auf die Oberfläche des Spiegels und sprich:

Komm, Anael, komm; und möge es dir gefallen, nach deinem Willen bei mir zu sein, im Namen † des Vaters, des Mächtigsten, im Namen † des Sohnes, des Weisesten, im Namen † des Heiligen Geistes, der Lebendigste!

Komm Anael, beim stärksten Namen Jehova! – Komm Anael, durch die Macht des ewig lebenden Elohim! Komme herbei, durch den Arm des mächtigen Metraton!

Komm zu mir, N., (sprich deinen Namen in den Spiegel) und befiehl deinen Untertanen, dass sie mir in Liebe, Freude und Frieden diese Dinge enthüllen, die vor mir verborgen sind so sei es, Amen.

Wenn du das wie oben steht gesagt und getan hast, erhebe deine Augen zum Himmel und sprich:

Oh, allmächtiger Herr, der alle Dinge nach seinem Willen bewegt, höre mein Gebet, möge mein Wunsch dir gefallen. Oh, Herr, siehe diesen Spiegel und segne ihn, so dass dein Diener Anael mit seinen Begleitern sich in ihn hineinsetzt, und mich, N., dein armer und elender Diener, zufrieden stellt. Oh, gesegneter und erhabener Gott über alle himmlischen Geister, der für alle Zeiten lebt und herrscht, so sei es. Amen.

Wenn dies getan ist, bekreuzige dich an diesem ersten Tag und den Spiegel und auch in den nächsten fünfundvierzig Tagen. Zum Ende dieser Zeit wird dir der Engel Anael erscheinen – in der Gestalt eines hübschen Kindes. Er wird dich grüßen und seine Begleiter anordnen, dir zu gehorchen.

Bedenke, es dauert nicht immer so lange, bis der Engel erscheint. Oft erscheint er auch schon am vierzehnten Tag, aber das ist von der Absicht, der Hingabe und dem Eifer des Operators abhängig. Wenn er dir erscheint, frage ihn alles was du willst, und bitte ihn auch zu erscheinen und dir zu Willen zu sein, wann immer du ihn rufst.

Wenn du nach dem ersten Mal willst, dass Anael wiederkommt, musst du nur den Spiegel räuchern und diese Wörter sprechen:

Komm, Anael, komm! Und sei mir willig nach deinem Einverständnis ...

... und den Rest des Gebets an Anael, wie wir es oben beschrieben haben bis zum »Amen«.

Um den Geist zu entlassen, sprich:

> Ich danke dir, Anael, dass du erschienen bist und meine Fragen beantwortet hast. Gehe hin in Frieden und kehre zurück, wenn ich nach dir rufe.

Das Räucherwerk von Anael ist Safran.

VON DER WAHRSAGUNG DURCH URIELS WORT.

Um bei dieser Operation erfolgreich zu sein, muss der, der das Experiment durchführt, sich an alle Dinge halten, die hier genannt werden. Er soll ein kleines Zimmer wählen, das seit neun Tagen oder mehr von keiner unreinen Frau besucht worden ist. Dieser Ort muss durch Besprengung und Räuchern gut gereinigt werden, wie es oben gesagt wurde. In der Mitte des Zimmers soll ein Tisch stehen, bedeckt mit einem weißen Tuch. Darauf steht ein neues Glasfläschchen, gefüllt mit Quellwasser, welches kurz vor der Operation befüllt wurde. Außerdem drei kleine Wachskerzen, die kurz vor der Operation gezogen wurden, aus Jungfern-Wachs, gemischt mit menschlichem Fett; ein Stück Jungfern-Pergament von der Größe eines halben Quadratfußes und einen Raben-Federkiel, der geeignet ist, um damit zu schreiben; ein Porzellantintenfass voll frischer Tinte; ein Flintenschloss, um ein Feuer zu machen und einen wohlerzogenen Jungen im Alter von neun oder zehn Jahren, der sauber und bescheidend gekleidet ist. Er sollte in der Nähe des Tisches stehen.

Nimm eine lange, neue Nadel und befestige eine der drei Wachskerzen darauf, sechs Zoll hinter dem Glas. Die anderen beiden Wachskerzen sollen rechts und links vom Glas ebenfalls auf eine Nadel gestellt werden, in gleichem Abstand voneinander.

Während dies angeordnet wird, sprich folgende Worte:

> Gabamiah, Adonay, Agla, Domine Deus virtutem adjuva nos![74]

Das Jungfern-Pergament muss rechts vom Glas und der Federkiel und die Tinte links davon liegen. Bevor du beginnst, schließe Türe und Fenster, schlage dann den Feuerstein und entzünde die drei kleinen Kerzen. Lasse den Jungen auf seine Knie gehen und ins Glas blicken. Er sollte barhäuptig sein und seine Hände falten. Dann befehle der Meister der Operation dem Jungen, fest ins Fläschchen zu blicken, und in sein rechtes Ohr spricht er weich:

> Uriel † Seraph † Josata † Ablati † AGLA † Caila, ich bitte und beschwöre dich durch die vier Wörter, die Gott mit seinem Mund seinem Diener Moses sagte: Josata † Ablati † Agla † Caila. Und durch die Namen der Neun Himmel, in denen du lebst und auch durch die Reinheit dieses Kindes, das vor dir steht, damit du sofort und sichtbar erscheinst, um die Wahrheit zu offenbaren, die ich wünsche zu erfahren. Und wenn dies getan ist, werde ich dich in Frieden und Wohlwollen im Namen des heiligsten Adonay verabschieden.

Wenn diese Beschwörung beendet ist, frage das Kind, ob es irgendetwas im Fläschchen sieht. Wenn er antwortet, dass er einen Engel oder eine andere Gestalt sieht, soll der Leiter der Operation in einem freundlichen Ton sagen:

---

[74] Gabamiah, Adonay, Agla, oh, Herr, Gott der Mächte, hilf uns!

Seliger Geist, sei gegrüßt. Ich beschwöre dich erneut im Namen des heiligsten Adonay[75], damit du mir sofort über folgendes Auskunft gibst: ... (hier fragt der Operator den Geist, was er möchte.)

Sage dann dem Geist:

Wenn du aus irgendeinem Grund nicht wünschst, dass andere hören, was du sagst, dann beschwöre ich dich im Namen des allerheiligsten Adonay, die Antwort auf dieses Jungfern-Pergament zu schreiben, in der Zeit von jetzt an bis zum nächsten Morgen. Sonst offenbare es mir in meinem Schlaf.

Wenn der Geist hörbar antwortet, musst du ihm mit Respekt zuhören. Wenn er nicht spricht, nachdem du dein Ersuchen dreimal wiederholt hast, lösche die Wachskerzen und verlasse das Zimmer bis zum folgenden Tag. Kehre am nächsten Morgen zurück und du wirst die Antwort auf dem Jungfern-Pergament geschrieben vorfinden, wenn es dir nicht in der Nacht offenbart worden ist.

In den Werken von Agrippa finden wir eine weitere Weissagung des Engels Uriel: es sei dem Leser empfohlen, dort nachzuschlagen[76].

WAHRSAGUNG DURCH EIN EI.

Die Operation mit dem Ei dient dazu, zu erfahren, was mit irgendjemandem geschehen wird, der bei dem Experiment anwesend ist.

Man nehme ein Ei von einer schwarzen Henne, das am selben Tage gelegt wurde, schlage es auf und entnehme den Dotter.

---

[75] Bestetti schreibt »Adanaim«.

[76] Dieser Nachsatz steht nur bei Blocquel.

Du brauchst ein großes, sehr dünnwandiges und sauberes Glas. Fülle es mit reinem Wasser und lege den Dotter hinein. Stelle das Glas im Sommer in die Mittagssonne, und der Leiter der Operation rezitiere die Gebete und Beschwörungen des Tages. Diese Gebete und Beschwörungsformeln findet man im Schlüssel Solomon, dort wo wir ausführlich die Luftgeister behandeln[77].

Bewege mit dem Zeigefinger das Wasser, um den Eidotter zum Rotieren zu bringen. Lass ihn dann einen Moment in Ruhe und blicke durch das Glas ohne es zu berühren. Dann wirst du sehen, was mit dieser Person zu tun hat, für die die Operation durchgeführt wird. Dies soll an einem Wochentag durchgeführt werden, weil diese Geister während den Arbeitszeiten von gewöhnlichen Berufen erscheinen.

Will man sehen, ob ein Junge oder ein Mädchen noch unberührt ist, wird der Dotter zu Boden fallen; und wenn er (oder sie) es nicht ist, wird er sich regulär verhalten.

UM GEISTER ZU SEHEN, VON DENEN DIE LUFT VOLL IST.

Nimm das Gehirn eines Hahns, trockene Erde vom Grab eines toten Mannes, die Kontakt mit dem Sarg hatte, Walnuss-Öl und reinen Wachs. Mache mit allen Zutaten eine Mischung und wickele sie in Jungfern-Pergament, auf dem du die Worte »Gomert, Kailoeth« mit dem unten angegebenen Charakter schreibst[78].

---

[77] Bei Blocquel ist zu lesen: » Rezitiere das Gebet des Heiligen Augustinus (wie es in der Enchiridion Leonis papæ zu finden ist)« Papst Leo III. (* ca. 750 in Rom; † 12.06.816) war Papst von 795 bis 816; ihm wird dieses Zauberbuch zugeschrieben. Papst Leo III krönte Karl den Großen zum Kaiser. Die italienischen Fassungen lassen die Gebete weg.

[78] Bein Blocquel und in den italienischen Fassungen ist zu lesen: »... die beiden Charaktere von Frimost und Klepoth gezeichnet wurden. Im G. Honorius ist das Experiment ebenfalls aufgeführt mit einem Charakter, diesen haben wir nachfolgend angegeben.

Verbrennen alles, und du wirst erstaunliche Dinge sehen. Aber dieser Versuch sollte nur von demjenigen durchgeführt werden, der nichts fürchtet.

UM NACH DEM ABENDESSEN DREI MÄDCHEN ODER DREI HERREN IN DEINEM ZIMMER ERSCHEINEN ZU LASSEN.

I. Vorbereitung.

Drei Tage lang sollst du kein Fleisch oder fettige Dinge essen[79]. Am vierten Tag, sobald es Morgen wird und du dich angezogen hast, putze dein Zimmer und bereite es vor. Du musst in dieser Zeit fasten. Stelle sicher, dass dein Zimmer für den ganzen und den folgenden Tag nicht betreten wird. Stelle sicher, dass nichts hängt oder sich Dinge an Haken befinden, so wie z. B. die Tapete oder Kleider, Hüte oder Vogelkäfige. Weder sollen Fenstervorhänge noch Bettvorhänge angebracht sein; lege vor allem saubere, weiße Laken auf dein Bett.

II. Zeremonie.

Gehe nach dem Abendessen heimlich in dein Zimmer, das wie bereits beschrieben vorbereitet worden ist. Lege eine weiße Decke auf den Tisch und stelle drei Stühle um den Tisch. Verteile an die Plätze drei

---

[79] Blocquel schreibt: »Drei Tage lang musst du auf den Merkur verzichten (abstinent leben), und du wirst erfolgreich sein.

Weizenbrote drei Gläser mit reinem, frischem Wasser. Stelle dann einen Stuhl oder einen Sessel neben dein Bett, lege dich schlafen und sprich folgende Wörter:

III. Beschwörungsformel.

Besticitum consolatio veni ad me vertui Creon, Creon, Creon, cantor laudem omnipotentis et non commentur. Stat superior carta bient laudem omniestra principiem da montem et inimicos meos ô prostantis vobis et mihi dantesque passium fieri suicibus.

Die drei Personen werden kommen, sich ans Feuer setzen, essen und trinken und werden sich bei der Person bedanken, die sie bewirtet hat. Wenn die Zeremonie von einer Dame durchgeführt wird, werden drei Herren erscheinen, wenn aber ein Mann dies durchführt, werden drei junge Damen kommen.

Dann werden die drei losen, wer bei dir bleiben soll. Er oder sie wird sich in den Stuhl setzen, den du an das Bett gestellt hast, und sie wird bis Mitternacht mit dir reden; dann wird sie mit ihren Begleiterinnen abreisen, ohne dass man sie entlassen muss. Die beiden anderen bleiben beim Feuer, während die erste dich unterhält.

Während sie bei dir ist, kannst du sie über jede Kunst oder Wissenschaft, überhaupt über jedes Thema befragen, und sie wird dir sofort eine Antwort geben. Du kannst sie auch fragen, ob sie einen verborgenen Schatz kennt und sie wird dich über den geeigneten Ort, die Stelle und Zeit zum Heben unterrichten; sie wird sogar mit ihren Gefährten da sein, um dich gegen die Angriffe der höllischen Geister zu verteidigen, die ihn besitzen.

Wenn sie abreist, wird sie dir einen Ring geben. Wenn du ihn am Finger trägst, wirst du beim Spiel Glück haben. Wenn du ihn am Finger eines Mädchens steckst, kannst du sie zu deiner Frau machen.

Anmerkung: das Fenster muss offengelassen werden. Du kannst dieses Experiment so oft durchführen, wie du möchtest.

DAMIT EINE FRAU DICH AUFSUCHT, AUCH WENN SIE NICHT DAZU NEIGT

Ein Experiment von erstaunlicher Macht einer höheren Intelligenz.

Beobachte einen Stern beim abnehmenden Halbmond zwischen der elften Stunde und Mitternacht. Aber bevor du beginnst, tue folgendes:

Nimm Jungfern-Pergament und schreibe darauf den Namen des Mädchens, von dem du wünschst, dass es kommt. Das Pergament muss in der unten angegebenen Form geschnitten sein[80]:

---

[80] Blocquel meint hier die Grafik »Plan der Planten«, und schreibt: „ die drei 000 markieren die Stelle, an dem der Name geschrieben wird.« Allerdings fehlen dort die 000. Andere Fassungen dieses Zaubers, z. B. im G. Honorius, bilden diese folgende Figur ab.

Zum Pergament: in den italienischen Fassungen steht, man schneide es in der Größe eines silbernen fünf-Franc-Stücks; schreibe auf die eine Seite den Namen der herzurufenden Person und auf die andere Seite die beiden Wörter »Melchiael, Bareschas«.

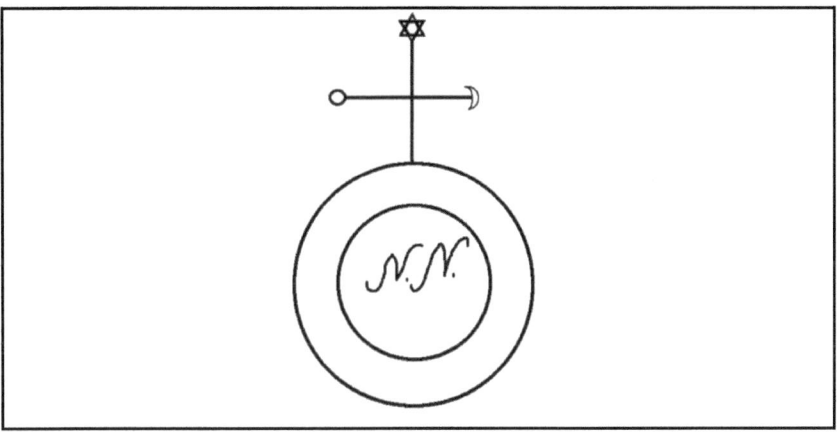

Die beiden N.N. markieren den Ort des Namens; auf die andere Seite
schreibe:

Melchiael, Bareschas.

Lege dann das Pergament auf die Erde mit der Seite nach unten, auf
der der Namen der Person geschrieben steht. Stelle deinen rechten
Fuß auf das Pergament, und beuge das linke Knie auf den Boden.

Blicke zum hellsten Stern am Himmel und halte in deiner rechten
Hand eine Kerze aus weißem Wachs, die groß genug ist, um für eine
Stunde zu brennen. Sprich dann folgende Begrüßung:

BEGRÜßUNG UND BESCHWÖRUNG.

Ich grüße dich und ich beschwöre dich, oh schöner Mond, oh
schönster Stern, oh, brillantes Licht, das ich in meiner Hand
halte. Durch die Luft, die in mir ist, durch die Erde, die ich
berühre: ich bitte dich durch die Namen der Geister und
Fürsten, die in dir leben; durch den unbeschreiblichen Namen
ON, durch den, der alles geschaffen hat; durch dich, oh, glän-

zender Engel Gabriel, mit den Fürsten Merkur, Michiael und Michidael[81].

Ich beschwöre dich erneut durch alle heiligen Namen Gottes, die du aussendest, um den Leib und die Seele und die fünf Sinne von N. zu bedrängen, zu foltern und zu schikanieren, deren Name hier geschrieben steht. Möge sie zu mir kommen und meinen Willen erfüllen und möge N. keinen anderen Freund außer mir auf der Welt haben. So lange sie mir gegenüber gleichgültig ist, soll sie besessen, leidend und gequält sein. Gehet sofort ans Werk, Melchidael, Baresches, Zazel, Firiel, Malcha, und all diejenigen, die mit dir sind. Ich beschwöre euch durch den großen, lebenden Gott, meinem Willen zu folgen, und ich, N., verspreche, euch zufrieden zu stellen.

Nachdem die Beschwörung dreimal gesprochen wurde, stelle die Kerze auf das Pergament und lasse sie brennen. Nimm das besagte Pergament am nächsten Tag, lege es in deinen linken Schuh und belasse es dort, bis die Person dich aufsucht, die du genannt hast.

Anmerkung: In der Beschwörungsformel musst du das Datum nennen, wann sie kommen soll, und sie wird nicht fehlen.

---

[81] Bei Blocquel: Melchidael.

UM EIN KAMINFEUER ZU LÖSCHEN.

Mache auf dem Kamin mit Kohle die Zeichen des dritten Kreises des Plans der Planeten und sprich dreimal die darin enthaltenen Wörter[82].

Zeichne mit einem Stück Holzkohle auf dem Kamin die Zeichen und Wörter der beiden kleinen Pentakel wie in der Abbildung unten angegeben, und sprich diese Wörter dreimal darüber[83].

In hoc vince Adonay.

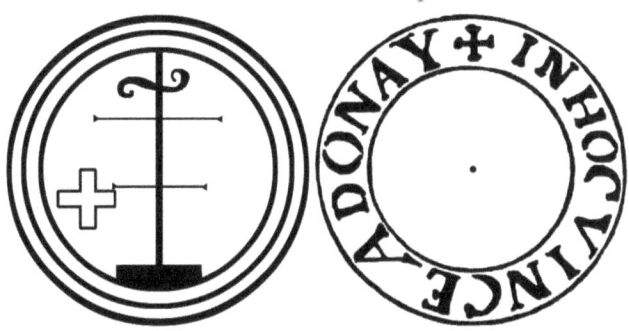

UM SICH UNSICHTBAR ZU MACHEN.

Man beginne die Operation an einem Mittwoch noch vor Sonnenaufgang. Nimm sieben schwarze Bohnen und einen menschlichen Schädel. Stecke eine in seinen Mund, zwei in die Nasenlöcher, zwei in sei-

---

[82] Dieser Zauber findet sich nur in den französischen Ausgaben. Allem Anschein nach fehlt hier wieder das Zeichen und es wird wieder auf den Plan der Planeten verwiesen, dies ergibt sich schon aus der Anweisung, die im Plan der Planeten nicht enthaltenen Wörter zu rezitieren. Im G. Honorius ist der wahrscheinlich folgende, ursprüngliche Text zu lesen inklusive eines Zeichens.

[83] Diese Fassung findet sich im G. Honorius, A.D. 1670.

ne Augen und zwei in seine Ohren[84]. Dann mache auf den Schädel das Zeichen der folgenden Figur[85]. Vergrabe dann den Schädel mit dem Gesicht zum Himmel.

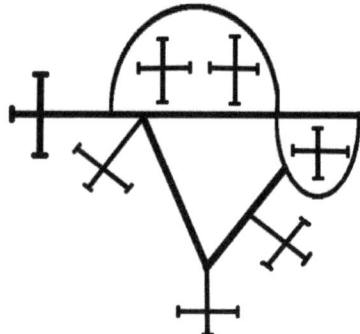

Gieße ihn neun Tage lang vor Sonnenaufgang jeden Morgen mit ausgezeichnetem Branntwein[86]. Am achten Tag wirst du dort den Geist des Verstorbenen finden, der erwacht ist; er wird dich fragen: »Was machst du da?«

Antworte ihm: »Ich gieße meine Pflanzen.« Dann wird der Geist sagen: »Gib mir die Flasche, ich möchte sie selbst gießen.« Lehne dies ab. Er wird dich erneut bitten, du lehnst es wieder ab, bis er seine Hand ausstreckt und dir das gleiche Zeichen zeigt, das du auf den

---

[84] Andere Quellen sowie die italienischen lassen die zwei in den Nasenlöchern unerwähnt, somit wären nur fünf Bohnen verteilt.

[85] Andere Quellen sprechen vom »zweiten Kreises des Plan der Planeten«, die italienischen Fassungen lassen das Zeichnen eines Charakters auf den Schädel weg.

[86] Im Original: eau-de-vie, wörtlich: Wasser des Lebens, auch bekannt als Aquavite, also hochprozentiger Branntwein. Dieser Begriff wird im Folgenden mit Branntwein übersetzt.

Kopf gezeichnet hast, es hängt von seinen Fingerspitzen herab; dann kannst du sicher sein, dass es der richtige Geist des Kopfes ist[87].

Es besteht die Gefahr, dass ein anderer versuchen könnte, dich zu beschwindeln, das würde üble Folgen haben – in diesem Fall wäre deine Operation nicht erfolgreich.

Dann kannst du ihm die Flasche geben, er wird den Kopf gießen, und du kannst fortgehen. Wenn du am nächsten, also am neunten, Tag zurückkehrst, wirst du die Bohnen finden, die gekeimt haben. Nimm sie und leg sie in deinen Mund und schau dich im Spiegel an. Wenn du nichts sehen kannst, ist es gut. Prüfe die anderen in der gleichen Weise, entweder in deinem eigenen Mund, oder in dem eines Kindes. Diejenigen, die nicht Unsichtbarkeit machen, müssen dort begraben werden, wo der Kopf liegt.

Im »Dragon Rouge« gibt es eine weitere Möglichkeit, sich unsichtbar zu machen[88].

GOLD UND SILBER ZU ERLANGEN, ODER DIE LEUCHTENDE HAND[89].

Reiße einer heißen Stute ein Haar mit der Wurzel aus, das der Natur am nächsten ist und sprich:

---

[87] Da die italienischen Fassungen das Zeichnen eines Siegels auslassen, ist hier stattdessen zu lesen: »Dann musst du ihn im Namen Gottes bitten, die Wahrheit zu sagen, ob er der wahre Geist des Schädels sei, und wenn er mit „ja" antwortet, kann man ihm vertrauen.«

[88] Dieser Nachsatz findet sich nur in den französischen Ausgaben.

[89] »Die leuchtende Hand« taucht in den Zauberbüchern immer wieder auf. In diesem Kapitel gibt es keinen nennenswerten Bezug auf sie. Die vollständigste Beschreibung findet sich im »der kleine Albert«; dort wird erklärt, wie man ein magisches Licht aus der Hand eines Verstorbenen bereitet.

Dragne, Dragne, Dragne.

Lege es sicher beiseite und gehe direkt danach los und kaufe ohne über den Preis zu verhandeln einen neuen Steingut-Topf, der einen Deckel haben muss. Kehre so schnell wie möglich nach Hause zurück. Fülle den Topf mit Quellwasser bis zwei Fingerbreit unter seinen Rand. Lege das verknotete Haare hinein, decke den Topf zu und stelle ihn an einen Ort, an dem weder du noch andere ihn sehen können, weil sonst Gefahr droht.

Hole den Topf nach neun Tagen, zur gleichen Stunde, in der du ihn versteckt hast, wieder hervor und öffne ihn, und du wirst ein kleines Tier darin finden, ähnlich einer Schlange, die sich aufrichtet. Sag sofort:

Ich akzeptiere den Pakt.

Nimm sie heraus, ohne sie mit der Hand zu berühren und lege sie in eine neue Schachtel, die du für diesen Zweck und ohne um den Preis zu feilschen, gekauft hast. Lege Weizenkleie hinein und nichts anderes, und versäume es nicht, es jeden Tag etwas zu geben.

Wenn du Gold oder Silber brauchst, dann fülle so viel wie du verlangst in die Schachtel. Gehe zu Bett mit der Schachtel an der Seite deines Bettes. Schlafe, wenn du möchtest, drei oder vier Stunden. Stehe dann auf und du wirst das Geld, das du in die Schachtel gelegt hast, verdoppelt vorfinden. Aber pass auf, dass du nicht das gleiche Geld wieder hineinlegst.

Anmerkung: nur die erste Figur in der zweiten Reihe hat die Kraft des Zaubers. Du kannst nicht mehr als 100 Pfund auf einmal hineinlegen. Aber wenn dein Planet dir die Vorherrschaft über die übernatürlichen Dinge verleiht, wird die Schlange ein Gesicht haben und einer menschlichen Form ähneln[90], und dann kannst du bis zu tausend Pfund hineinlegen, jeden Tag bekommst du das Doppelte.

Grafik aus dem Grimoire des Papstes Honorius, 1670, diese Figur hätte zumindest einen Bezug zu Schlangen. Außerdem ist diese Figur im G. Honorius abgebildet ohne jeden weiteren Bezug im Text, da dieser Zauber zwar im Buch auch vorkommt, aber ohne Bezug auf eine Grafik.

Wenn du es loswerden willst, kannst du es an irgendjemanden verschenken, vorausgesetzt, dieser will es und nimmt es an und platziere die Gestalt, die du hast, mit einem Kreuz auf der Linie, die auf Jungfernpergament in der Schachtel gemacht ist[91]. Wenn du das Wesen töten willst, fülle in den Kasten statt seiner täglichen Weizenkleie gewöhnliche Kleie aus Mehl, über die ein Priester seine erste Messe gelesen hat, und es wird sterben.

Lasse von dem oben genannten nichts weg, denn diese Angelegenheit ist nicht als Witz gedacht!

---

[90] Blocquel schreibt: wird die Schlange der zweiten Figur derselben Reihe ähneln, d.h. sie wird ein Gesicht haben, das einem menschlichen Gesicht ähnelt. Fraglich, welche Figur hier gemeint ist.

[91] Blocquel und die italienischen Fassungen lassen die Beschreibung mit dem Jungfernpergament aus.

EIN STRUMPFBAND ZUM WANDERN[92].

Verlasse nüchtern aus dem Haus, gehe zu deiner linken bis du einen Zierband-Verkäufer findest. Kaufe eine Elle weißes Zierband. Bezahle das, was genannt wird und lass einen Heller im Laden fallen. Kehre auf demselben Weg nach Hause zurück. Am nächsten Tag mache dasselbe, bis du einen Federkiel-Verkäufer gefunden hast. Kaufe eine zugeschnittene, so wie du das Zierband gekauft hast. Wenn du wieder zu Hause bist, schreibe mit deinem eigenen Blut auf das Zierband die Charaktere des vierten Kreises aus dem Plan der Planeten. Dies ist das rechte Strumpfband, die fünfte Linie ist für das linke.

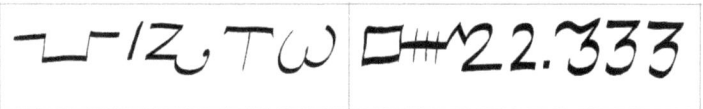

Grafiken für das linke (links) und das rechte Strumpfband aus dem G. Honorius.

Wenn das getan ist, verlasse das Haus. Am dritten Tag danach, nimm dein Zierband und dein Federkiel, gehe nach links bis du eine Konditorei oder Bäckerei findest. Kaufe den kleinsten Kuchen oder das kleinste Brot für einen halben Heller. Gehe zur ersten Taverne, bestelle eine halben Septier[93] Wein oder Branntwein, lass dir das Glas dreimal von der gleichen Person nachfüllen, breche dann drei Stücke vom Kuchen oder dem Brot ab. Lege die drei Stücke in das Weinglas. Nimm das erste Stück und wirf es unter den Tisch, ohne darauf zu schauen, sprich: »Irly, für dich.«

---

[92] Findet sich nicht in den italienischen Fassungen.

[93] Hier liegt wohl ein Fehler vor, ein Septier sind je nach Region ca. 120 bis 150 Liter, wahrscheinlich ist Schoppen gemeint, der beträgt zwischen 250 und 500 ml.

Nimm dann das zweite Stück und wirf es ebenfalls, sprich: »Terly, für dich«. Schreibe auf die andere Seite des Strumpfbandes die zwei Namen dieser Geister mit deinem Blut.

Wirf das dritte Stück hinab mit dem Ausspruch, »Erly, für dich«. Wirf den Federkiel hinab, trink den Wein ohne zu Essen, bezahle die Zeche und gehe weg.

Wenn du außerhalb der Stadt bist, ziehe die Strumpfbänder an, mache keinen Fehler welches das rechte und welches das linke ist – dies ist wichtig. Stampfe dreimal mit dem Fuß auf den Boden, spreche die Namen der Geister aus: Irly, Terly, Erly, Baltazard, Melchior, Gaspard, lass uns gehen.

Mach dann deine Reise.

Es gibt eine weitere Art in den Werken von Agrippa[94].

WIE MAN EIN MÄDCHEN NACKT[95] TANZEND LÄSST.

Zeichne auf Jungfern-Pergament den sechsten Kreis des Plans der Planeten[96] mit dem Blut einer männlichen Fledermaus.

Dann lege es auf einen gesegneten Stein, über den eine Messe gelesen worden ist. Danach, wenn du den Charakter verwenden willst, lege ihn unter die Schwelle, die sie passieren muss.

Wenn sie über die Schwelle tritt wird sie sich entkleiden und wird völlig nackt sein[97], und sie wird immer weiter tanzen bis zum Tode,

---

[94] Diesen Hinweis gibt es nur bei Alibeck.

[95] Blocquel schreibt »…gegen ihren Willen«, statt „nackt".

[96] Es gibt Fassungen die sprechen vom »Charakter von Frutimière«, die italienischen sprechen vom Charakter von Segal.

[97] Blocquel umgeht auch hier die Nacktheit und schreibt »sie wird in Wut verfallen und bis zum Tod tanzen.«

wenn niemand den Charakter entfernt; mit Fratzen und Verzerrungen – sie wird mehr Mitleid erzeugen als Verlangen.

UM IN EINER VISION ZU SEHEN, WAS DU WÜNSCHST, SEI ES AUS DER VERGANGENHEIT ODER ZUKUNFT.

Der Charakter oder die Figur der ersten Tafel, Seite 8, müssen gezeichnet werden, wie ich es zu Beginn dieser Arbeit gesagt habe. Schreibe in das Oval in der Mitte, was du wissen möchtest. Lege diese Figur auf dein rechtes Ohr und sprich vor dem Einschlafen dreimal das folgende Gebet:

Blocquel: Die zwei N. N., die du im zweiten kleinen Kreis sehen kannst, kennzeichnen den Platz, wohin du deinen Namen schreiben sollst[98]. Um zu erfahren, was du möchtest, schreibe die Namen in den Kreis auf dem Jungfern-Pergament vor dem Schlafen und lege es unter dein rechtes Ohr. Sprich das folgende Gebet beim Hinlegen:

GEBET.

Oh, beim ruhmvollen Name des größten lebenden Gottes, dem alle Dinge und alle Zeiten ewig präsent sind, ich bin dein Diener N., ewiger Vater, ich bitte dich, schick mir deine heiligen Engel, deren Namen ich in den Kreis geschrieben habe, dass sie mir zeigen werden, was ich wissen will, durch Jesus Christus unseren Herrn, so sei es.

---

[98] Eine Charakter fehlt im Buch, ggf. handelt es sich wieder um diese Grafik, siehe dazu zu Beginn des Buches »Hier beginnt der Schlüssel zum Werk«. Die folgenden Grafiken könnten gemeint sein, die linke wohl von Alibeck.

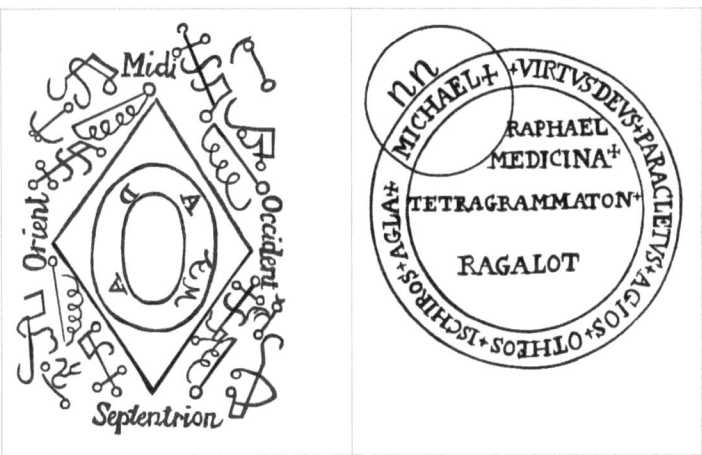

Hast du das Gebet beendet, leg dich auf deine rechte Seite, und du wirst in einem Traum sehen, was du wünschst zu wissen.

EINEN FEIND FESTNAGELN.

Gehe zu einem Friedhof, sammele Nägel von einem alten Sarg und sprich:

> Nägel, ich nehme euch, damit ihr an meiner Seite dienlich seid und Übel über allen Personen bringt, über die ich es will.
> Im Namen des Vaters † und des Sohnes † und des Heiligen † Geistes, Amen.

Wenn du sie verwenden möchten, mache die Figur des Fußes wie abgebildet[99]. Schlage den Nagel in die Mitte und sprich: »Pater noster …« bis zu »in terra« (»Vater unser« ... »auf Erden«). Schlage mit ei-

---

[99] Eine Abbildung findet sich leider nicht. Die folgende Grafik ist aus dem G. Honorius.

nem Stein auf den Nagel und sprich: »Mögest du N. verletzen, bis ich ihn herausziehe.«[100]

Bedecke die Stelle mit ein wenig Staub und merke sie dir gut, denn du kannst das Böse, das er verursacht, nicht heilen, außer du zeihst den Nagel wieder heraus und sprichst:

> Ich ziehe dich heraus, so dass das Böse, das du N. zufügst, aufhört. Im Namen des Vaters † und des Sohnes † und des Heiligen † Geistes, Amen.

Dann ziehe den Nagel und lösche die Zeichen aus, aber nicht mit derselben Hand, mit der du es gemacht hast, sondern mit der anderen; denn sonst droht Gefahr[101].

---

[100] Alternative Fassung: Wenn du sie verwenden möchtest, musst du nach einem Fußabdruck suchen und zeichne die sieben inneren Kreise des Plans der Planeten, setze den Nagel in die Mitte und sprich: »Pater noster« bis zur Stelle »in terra« (»Vater unser« bis »auf Erden«).

[101] Das Buch von Alibeck endet hier. Blocquel und die italienischen Fassungen fahren fort.

EIN MITTEL, UM ZU WISSEN, WELCHEN MANN DU HEIRATEN WIRST, WENN DU EINE MÄDCHEN BIST – ODER WELCHE FRAU DU HEIRATEN WIRST, WENN DU EIN MANN BIST[102].

Die große Kabbala des Grünen Schmetterlings, die unten aufgeführt ist[103], wird dich anweisen, was getan werden muss, um Astaroth zu zwingen, dir das Wissen über alles, was du wünschst, zu geben; aber diese Kabbala kann nur drei Monate im Jahr ausgeführt werden. Wenn du also zu einem anderen Zeitpunkt herausfinden möchtest, wen du heiraten wirst, gehe genau in der Stunde des Neumonds[104] zum Haupttor des Friedhofs in deiner Nähe, lege dich mit dem Gesicht zur Erde hin, die Füße zum Friedhof gerichtet, und rezitiere das Gebet für den Wochentag[105] (du findest es im Enchiridion des Papstes Leo), sammele dich dann wie in Extase mit geschlossenen Augen, und du bekommst eine Vorstellung der Person, die du heiraten wirst. Wenn in deiner Vorstellung keine menschliche Figur erscheint, bedeutet dies, dass du nicht heiraten wirst[106].

---

[102] Dieses Kapitel befindet sich bei Blocquel und den italienischen Fassungen.

[103] Im Original steht »ab Seite 99«, bzw. die jeweilige Seitenzahl.

[104] Da wäre dann in der Regel um die Mittagszeit …

[105] Die italienischen Ausgaben: Rezitiere das »De profundis« (Ps 130); Vulgata: »Canticum ascensionum. De profundis clamavi ad te, Domine«; Einheitsübersetzung: »Ein Wallfahrtslied. Aus den Tiefen rufe ich, HERR, zu dir …«

[106] Alibeck fährt nun mit der »Kabbala des grünen Schmetterlings« fort, Bestetti fügt zuvor noch das »Gebet des Salamanders« an. Blocquel und Muzzi haben noch weiteres Material »magischer Geheimnisse«, so wie folgt.

UM BEIM SPIEL ZU GEWINNEN.

Sammele am Vorabend des Johannistages[107] um 12 Uhr mittags etwas
Farn und mache daraus ein Armband, bilde diese Buchstaben darauf:

Huty

Trage dieses Armband am rechten Arm auf der nackten Haut und
sprich vor dem Spielen das folgende Gebet:

GEBET.

> Oh Herr, es ist nicht dein Wunsch, dass deine Kleider verteilt
> werden, doch sie werfen das Los, gewähre mir die Gnade, das
> Spiel zu gewinnen, das ich heute versuchen möchte. Oh Herr,
> beschütze mich und mache es so, dass mir alles zu deiner
> Ehre gelingt.

Sprich dann drei Vaterunser.

SCHUTZ GEGEN SCHUSSWAFFEN

Sprich als erstes dreimal »Gott nehme Teil und unserer lieben Frau[108];
ich sehe den Mund der Muskete! Gott beobachte den Eingang, und
der Teufel den Ausgang!« Dann trage auf die Brust zwölf kleine Blät-
ter grauweißen Papiers auf denen du diese Worte geschrieben hast:

Armisi, Farisi, Mestingo.

Für das gleiche Thema konsultiere »der rote Drache«.

---

[107] 24. Juni.

[108] »unserer lieben Frau « bedeutet Maria. Bei Muzzi: »Sage zuerst dreimal, Gott; dann
nimmst du die Waffe in die Hand und fügst hinzu:

UM EINEN DIEB ZU ÜBERFÜHREN.

Schreibe die Namen jeder Person, die des Diebstahls verdächtigt wird, auf separate Zettel und werfe sie dann in eine mit Wasser gefüllte Blechschüssel. Drücke sie nach unten und sprich dann über die Schüssel die folgenden Worte:

> Ich beschwöre dich Anazarda Arogani, Labilafs, Parandome, Azigola, Maractatam, Siranday Eptalelon, Lamboured, enthülle mir den Dieb, der N.N.

Wenn der Name des Diebes im Wasser ist, steigt er an die Oberfläche. Wenn mehr als ein Name auftaucht, waren sie alle Komplizen.

UM EINE KUTSCHE ODER EINEN WAGEN AUFZUHALTEN.

Besorge dir eine Feder von einem amerikanischen weißen Fasan, und befestige sie an einem kleinen grünen Quittenstab, und lege ihn in die Mitte der Straße, die von der Person passiert werden muss, der du einen Streich spielen möchten, und ziehe um ihn herum einen Kreis, den du mit Stängeln von Nelken dekorierst, schreiben in die Mitte des Kreises mit Holzkohle aus Spindelbaumholz[109] diese Worte:

Jerusalem onnipotens deus.

Geh und versteck dich, und du wirst das Ergebnis sehen.

UM HAGEL ZU STOPPEN.

Mache das Kreuzzeichen in Richtung der Blitze und Stürme. Danach nimm drei Hagelkörner vom ersten Fall und wirf sie im Namen der anbetungswürdigen Dreifaltigkeit ins Feuer, indem du zwei- oder

---

[109] Der Spindelbaum wird auch Pfaffenhütchen genannt.

dreimal das Vaterunser und das Johannesevangelium rezitierst. Wenn dies getan ist, macht das Zeichen des Heiligen Kreuzes gegen das Gewitter und den Donner und gegen die vier Teile der Welt und Sprich dreimal:

Verbum caro factum est per evangelica dicta fugiat tempes-las istas.[110]

UM FRIEDEN ZWISCHEN KÄMPFENDE PERSONEN ZU STIFTEN.

Schreibe mit blauer Tinte um einen gut gereiften Apfel diese Wörter:

Haon quid facies Asinus in loco

und wirf ihn mitten unter die streitenden.

UM EINEN HUND AM BELLEN ZU HINDERN.

Sprich dreimal, beobachte den Hund und hebe direkt vor ihm deinen Hut:

Der Barbarenbogen, das Herz ist gespalten und der Schwanz aufgehängt, der Schlüssel von St. Petrus verschließt deine Kehle bis morgen.

DAS GEHEIMNIS, UM EINE FRAU ZU BEKOMMEN.

Bleibe drei Tage keusch, ohne Unreinheiten. Schlucke dann auf nüchternen Magen eine kleine Muskatnuss[111] und sprich folgende Worte zu Gott:

---

[110] Das Wort wurde Fleisch nach den Worten des Evangeliums, um diesem Sturm zu entkommen. (Anspielung auf das Johannesevangelium 1,14.)

[111] Auch dies ist unter anderem nicht zu empfehlen, da Muskatnuss in hoher Dosis giftig ist.

Lotorum cultin, bultin, bultorum, komm zu mir, meine treue Gefährtin!

Beim Schlucken der Muskatnuss muss du sagen:

näher dich mir.

Dieses Geheimnis wirkt ein Leben lang, ohne es replizieren zu müssen; du musst nur die letzten Worte sagen, sich die Nase putzen und all die Frauen umarmen, die du besitzen möchten.

DAMIT DER EHEMANN TREU BLEIBT.

Nimm das Mark vom linken Bein eines Wolfes und fülle damit eine Kiste aus St. Lucia Holz[112]; wickele die Kiste in ein Stück Samt ein und trage sie bei dir. Wenn du vernünftig und nicht zu anspruchsvoll bist, wird dein Mann niemanden außer dich lieben.

UM IM DUELL UNVERSEHRT ZU BLEIBEN.

Schreibe vor dem Kampf auf ein beliebiges Band diese Worte:

Guter Jacum!

Befestige das Band an deinem rechten Arm und sei furchtlos. Verteidige dich, und das Schwert deines Feindes wird dich niemals treffen.

---

[112] Im italienischen steht »legno di Santa Lucia«, ob es sich hierbei tatsächlich um eine Holzart handelt, ist fraglich. Vielleicht ist Holz aus St. Lucia gemeint, es gibt einige Städte die nach der Heiligen benannt sind.

UM EIN FEUER ZU LÖSCHEN[113].

Sprich folgendes:

> Oh großes, brennendes Feuer, ich beschwöre dich durch die
> Hand des großen, lebendigen Gottes, dass du deine Hitze ver-
> lierst, wie Judas seine Farbe verlor, als er unseren Herrn am
> Karfreitag verriet, und sprich im Namen des Vaters und des
> Sohnes und des Heiligen Geistes.

Wiederhol dies drei Mal, tritt mit deinem Fuß auf die Erde. Dies
funktioniert auch bei einem Schornsteinbrand.

UM EINEN SCHATZ ZU ENTDECKEN[114].

Gehe zu der Stelle, an der du einen Schatz vermutest und sprich, indem du drei Mal mit der Ferse des linken Fußes gegen die Erde
schlägst und dich nach links umdrehst:

> Sadies, Satani, Agir fons toribus, komm zu mir. Saradon, der
> Sarietur genannt wird.

Wiederhole es drei Mal hintereinander. Und wenn es an diesem Ort
einen Schatz gibt, wirst du es wissen, denn eine Stimme wird es dir
ins Ohr sagen.

UM EINEN SCHATZ ZU ENTDECKEN[115].

Suchst du Schätze? Schätze, die du finden wirst! Luzifer wird dir auf
lateinisch antworten, wenn du ihn anrufst; und du wirst zu ihm sagen:

---

[113] Nur bei Blocquel.

[114] Dies ist die Version von Blocquel.

[115] Dies ist die Fassung von Muzzi.

Gib mir Gold, und ich werde dir Weihrauch und Myrrhe geben, wie es die Heiligen drei Könige taten, als sie das Christkind in Bethlehem besuchten.

Dann wird er dir auf lateinisch antworten:

Nimm deinen Zauberstab und folge mir!

Ohne eine Minute zu verlieren, musst du schnell den Kreis verlassen, in dessen Schutz du den großen König der Geister angerufen hast, und mit dem Zauberstab bewaffnet antwortest du:

Mit dir im Leben und im Tod, Amen!

Dann wirst du Luzifer oder dem Geist, den er an seiner Stelle gesendet hat, folgen, setze deine Füße über seine Fußspuren, folge seinen Schritten.

Manchmal, um den Mut desjenigen zu testen, der auf den Spuren einer höllischen Macht wandelt, wird sich der Himmel mit Blitzen und Donnerschlägen füllen, und die Luft und die Erde werden voller Aufruhr sein.

All diese Schreie und der Lärm werden verstummen und eine Stille hallt durch Gebüsch, Wald, Täler, Wege und Wüsten, wo Mensch und Geist wandeln.

Wende dich weder nach rechts noch nach links, sondern halte deinen Blick geradeaus und beobachte schweigend den Schatten, der dir vorausgeht, gigantisch und gewaltig.

Schließlich führt dich der Geist zum Eingang des Ortes, an dem der große Pluto seine Schätze im Bauch der Erde gefangen hält; unter den eisernen Toren des großen Vulkans.

Ein großer schwarzer Hund mit einem prächtigen goldenen Halsband wird dich am Eintreten hindern und wird mit den Zähnen knirschen und Funken versprühen, die wie Diamanten im Sonnenlicht lodern. Dieser ist ein Gnom, dem du die Spitze des Zauberstabs präsentieren musst. Wiederhole dies dreimal wie folgt:

> Cerberus, Cerberus, Cerberus! Bei diesem Zauberstab, zeig mir der Weg zum Schatz!

Der Hund wird als Antwort dreimal jammern und seinen Schwanz um deinen Zauberstab wickeln, um dich zu unterrichten, wo die Schätze sind.

Setze deine Schritte auf seine und wirst zur Schatzkammer gelangen; dort wartet der Schatten eines Toten, nämlich von der Person, die den Schatz versteckt hat, und er wird sich auf dich stürzen wollen. Es wird notwendig sein, mit dem Zauberstab schnell einen Kreis zu ziehen, eine Münze zu werfen und dem Schatten zu rufen:

> Usque ad hoc ventes et non procedes amplius! Sic volo, sic jubeo, Amen![116]

Der Schatten wird stöhnen und mit den Zähnen knirschen, er wird heulen wie ein verwundetes Tier, aber er wird auf wundersame Weise durch die Kraft des Gnoms gefangen gehalten, der der Diener der Diener Luzifers ist.

Dann nimm mit deiner linken Hand vier Münzen aus dem Schatz und wirf sie hinter deine Schultern nach den vier Himmelsrichtungen der Erde, während du sagst:

> Luzifer, löse und wiederhole!

Dann kannst du so viel Gold aus dem Schatz laden, wie du tragen kannst, laufe 60 Schritte rückwärts, in Erinnerung an die 15 Minister,

---

[116] Bis dahin sollst du kommen und nicht weitergehen! Ich will es, ich befehle es, Amen!

die 15 roten Engel, die 15 schwarzen Cherubim und die 15 schwarzen Seraphim des Luzifers.

Pape Satan Aleppe[117], Vater, Sohn und Geist.

Pass auf, dass du dich nicht umdrehst und beachte vor allem nicht den Lärm hinter dir, unter deinen Füßen oder an deiner Seite, denn das Aufblitzen von Blitzen in der Luft und das Beben der Erde gehören zu den Tricks des Schattens des Toten, damit du deine Chance verspielst, den Schatz zu behalten.

Es ist daher notwendig, dass du dich mit Mut ausrüstest und dich die Angst nicht packt, denn der Geist wird dich dorthin zurückführen, wo du ihn zuerst beschworen hast, um zu einem zweiten Pakt zusammenzukommen.

EIN GEHEIMNIS, UM ZWANZIG MEILEN PRO STUNDE ZU LAUFEN[118]

Nimm zwei Unzen menschliches Fett, eine Unze Nervenöl[119], eine Unze Lorbeeröl, eine Unze Wildfett und eine Unze natürliche Mumie, dazu zwei Gläsern Branntwein und sieben Blättern Eisenkraut. Koche alles in einen kleinen, neuen, irdenen Topf bis es auf die Hälfte reduziert ist und die Konsistenz einer Salbe hat, die du in neun Portionen aufteilst, und wenn du diese auf die Milzregion aufgetragen hast, bist du schnell wie der Wind.

---

[117] Wahrscheinlich eine dämonische Anrufung Satans. Die Wort sind aus Dantes Inferno entnommen: »Pape Satàn, pape Satàn aleppe« so beginnt sein 7. Gesang (Canto). Bisher ist man sich unsicher, was diese Zeile bei Dante bedeuten könnte.

[118] Findet sich nur bei Muzzi.

[119] Fraglich was damit gemeint ist (olio di nervi), wahrscheinlich eine schmerzlindernde Mischung.

Um nach deiner Reise nicht krank zu werden, nimm ein Fußbad mit Weißwein.

UM AUF DEINEM WEG NICHT ZU ERMÜDEN[120].

Schreibe auf drei Seidenbänder: Gaspard, Melchior und Balthasard. Binde zwei der Bänder unter deine Knie und das andere um deine Nieren, und bevor du dich auf den Weg machst, salbe deine Füße mit Olivenöl, das mit zerstoßener Weinraute getränkt ist, und trinke ein Glas Anis in einer Brühe oder Weißwein.

WIE MAN BEIM WÜRFELSPIEL GEWINNT.

Nimm Würfel, die in der Hand eines Spielers gewesen sind, der lästert, wenn er verliert; setze einen über den anderen, unten die größeren, oben die kleineren; lege sie in ein Glas, das du mit einer Karte abdeckst, auf der du um ein Kreuz herum diese Worte schreibst: hoc signo vinces![121]«

Lass es vierundzwanzig Stunden lang stehen, wirf dann das Papier mit dem Zauberstab herunter, nimm die Würfel heraus und sprich: »Et diviserunt vestimenta mea![122]«

Danach kannst du darauf vertrauen, beim Würfelspiel zu gewinnen.

---

[120] Nur in der französischen Fassung zu finden.

[121] In diesem Zeichen wirst du siegen, Formel von Kaiser Konstantin gegen seinen Rivalen Maxentius.

[122] Ps 22,19: »Sie verteilen unter sich meine Kleider und werfen das Los um mein Gewand.« Auch eine Anspielung auf das Neue Testament nach der Kreuzigung Jesu, Joh 19,24: »Da sagten sie zueinander: Wir wollen es nicht zerteilen, sondern darum losen, wem es gehören soll. So sollte sich das Schriftwort erfüllen: Sie verteilten meine Kleider unter sich und warfen das Los um mein Gewand. Dies taten die Soldaten.«

EIN GEHEIMNIS, UM GLÜCK IM SPIEL ZU HABEN, BEI DEM MAN ZAHLEN ERRATEN MUSS.

Schneide mit einer Schere viele kleine Zettel aus, schreibe auf jeden eine Zahl; du kannst so viele Zahlen erstellen, wie du möchtest.

Lege alle Zettel in eine große Schachtel, so dass sie mit der Nummer nach unten flach liegen.

Nimm eine Spinne, sperre sie zunächst für eine halbe Stunde in eine Glasflasche, die du dann mit einem Zauberstab zerstößt und sprich: »Mihi prosint numera per Dominum Deum nostrum![123]«

Die Spinne rollt sich zusammen und wird tot erscheinen, aber sie wird es nicht sein: Nimm sie, besprenge sie mit Weihwasser und schließe sie in die Schachtel ein, in der sie über Nacht bleiben muss.

Wenn du nach dieser Zeit die Schachtel öffnest, sieh dir die umgedrehten Papierstreifen an, und diese Zahlen werden die guten sein und diejenigen, bei denen du Glück im Spiel haben wirst.

EINE BEWUNDERNSWERTE ART, KEINE ANGST VOR FEUER ZU HABEN.

Ich traf Don Simplicio[124], Bischof von Autun[125], der eine Geliebte hatte, die er heiraten wollte, wenn er zum Bischof ernannt würde. Er liebte seine Frau sehr; und um sich nicht ganz von ihr zu trennen, ließ er sie in seinem Zimmer schlafen.

---

[123] Schöner: Mihi pro sunt numero per Dominum Deum nostrum! – Meine Zahlen sind für den Herrn, unseren Gott!

[124] Bischof im 4. Jahrhundert, war tatsächlich verheiratet.

[125] Stadt in Frankreich.

Einige Verleumder behaupteten, dass die Entfernungen nicht immer eingehalten wurden und dass die beiden Liebenden manchmal das Gesetz der Kirche für das süßere Gesetz vergaßen. Die Dame des Prälaten, empört über den Verdacht, wählte einen feierlichen Tag und ließ sich in Anwesenheit des versammelten Volkes Feuer bringen, warf es auf ihre Kleidung, ohne dass es sie beschädigte, und streifte es anschließend über die ihres Liebhabers, dann sagte sie zu ihm:

»Empfange dieses Feuer, das dich überhaupt nicht verbrennen wird, um unsere Feinde davon zu überzeugen, dass unsere Herzen für das Feuer der Begierde ebenso unzugänglich sind wie unsere Kleider für die Wirkung dieser brennenden Kohlen.«

Dieser Fall beeindruckte alle, die ihn miterlebten, und brachte die Verleumdung für immer zum Schweigen.

Ich versuchte, das Feuer über meiner Hand zu halten, nachdem ich es zuerst mit Rosmarinessenz benetzte und mit Zwiebelsaft geschrubbt hatte.

DAS MAGISCHE GEHEIMNIS, MIT DEN TOTEN ZU SPRECHEN.

Um ein Gespräch mit den Bewohnern der anderen Welt zu führen, ist es notwendig, die Weihnachtsmesse genau um Mitternacht zu besuchen; und in dem Moment, in dem der Priester die Hostie erhebt, verbeugst du dich dreimal und sprich mit einem Lächeln und mit offener und strenger Stimme: »Ad me venite, mortui![126]«

Sobald du diese vier Worte gesagt hast, musst du zum Friedhof gehen und beim ersten Grab, das dir ins Auge fällt, dieses Gebet sprechen:

---

[126] Komm zu mir, du Toter!

Höllische Mächte, die ihr Trübsal im ganzen Universum verbreitet habt, verlasst euren dunklen Aufenthaltsort und begebt euch hinter den Fluss Styx.

Bleibe danach einen Moment lang still.

Wenn du den oder die, für den ich mich interessiere, in deiner Gewalt hältst, so bitte ich dich im Namen des Königs der Könige, ich beschwöre dich im Namen des Königs der Könige, dass derjenige mir zu einer Zeit und Stunde erscheint, die ich bestimme.

Nimm nach dieser Zeremonie – die unbedingt durchgeführt werden muss – eine Handvoll Erde und streue sie aus, wie man Weizen auf einem Feld ausstreut, und sprich mit leiser Stimme:

Derjenige, der im Staub liegt, soll aus seinem Grab erwachen und aus der Asche auferstehen und die Fragen beantworten, die ich ihm stellen werde, im Namen des Vaters aller Menschen.

Zu dieser Zeit werdet ihr ein Knie zur Erde beugen und eure Augen nach Osten richten, und dann wirst du sehen, dass sich die Tore der Sonne öffnen. Bewaffne dich mit zwei Knochen einer toten Person, die ihr an das Kreuz hängt; dann werdet ihr sie sofort auf den ersten Tempel oder die erste Kirche werfen, die sich euren Augen bietet.

Ist dies getan, was bisher gesagt wurde, gehe nach Westen, und wenn du 5.900 Schritte gemacht hast, wirst du dich auf den Boden legen und die Handflächen an deine Oberschenkel halten, deine Augen sind in den Himmel auf den Mond gerichtet: und in dieser Position wirst du ihn oder sie anrufen, den du sehen möchtest. Achte darauf, keine Angst zu haben, wenn dir der Geist erscheint; du wirst mit den folgenden Worten um seine Erscheinung bitten: »Ego sum qui te peto, et videre quero«.

Sprich diese Worte, deine Augen werden zufrieden sein, dies zu sehen, das dir am liebsten war und das dir die größte Freude bereitet hat.

Wenn du vom Schatten erhalten hast, was du dir wünschst, und zufrieden bist, wirst du ihn auf diese Weise entlassen:

> Kehre zurück in das Reich der Auserwählten, ich erfreute mich mit dir und an deiner Anwesenheit!

Dann, wenn du aufgestanden bist, gehe zurück zu demselben Grab, an dem du das erste Gebet gesprochen hast; mache darüber mit der Spitze deines Messers ein Kreuz, das du in deiner linken Hand hältst.

DAS GEHEIMNIS DER SCHWARZEN HENNE, UM DEN TEUFEL GEHORSAM ZU MACHEN.

Nimm eine schwarze Henne, die noch keine Eier gelegt hat und der sich der Hahn noch nicht genähert hat, und versuche sie nicht zum Schreien zu bringen, was um elf Uhr abends geschehen muss. Wenn sie schläft, nimm sie am Hals und drücke fest, damit sie nicht gackern kann.

Nimm sie dann zu einer Straßenkreuzung, und mache genau um Mitternacht einen Kreis mit einem Zypressenstock; stelle dich in die Mitte und schneide den Körper der Henne in zwei Teile und sprich diese Worte dreimal aus:

> Sic volo, divido et impero![127]

---

[127] So will, teile und befehle ich!

Dann wende dein Gesicht nach Osten, knie nieder und rezitiere das Gebet, mit dem der Teufel aufgerufen wird, um zu erscheinen. In diesem Augenblick wird Luzifer oder einer seiner Diener erscheinen, gekleidet in einem scharlachroten Anzug mit Zöpfen, einem gelben Gewand, einer grünen Hose; der Kopf wird dem eines Hundes ähneln und die Ohren eines Esels, mit zwei Hörnern, die Beine und Füße wie die einer Färse[128]. Er wird dich um deine Befehle bitten, du wirst es ihm sagen, wie du es für richtig hältst, da er dir den Gehorsam nicht verweigern kann und dich zum reichsten und somit glücklichsten Menschen machen kann.

Bevor du das oben Gesagte tust, ist es notwendig, in der Gnade Gottes zu stehen und dein Gewissen darf sich nichts vorzuwerfen zu haben; wenn dies nicht so ist, seid ihr dem Geist Untertan, anstatt er euer.

DAS GEHEIMNIS, WIE DU EINE FRAU DAZU BRINGST, DEINE LIEBE ZU ERWIDERN.

Schlage mit dem Zauberstab an einem Freitagmorgen vor Sonnenaufgang auf einen Apfel, so dass er vom Baum fällt. Schreibe deinen Namen mit deinem Blut auf ein Stück Papier und den Namen der Person, von der du geliebt werden möchtest, auf ein weiteres. Besorge dir drei Haare von dieser Person, die du mit drei eigenen verbindest, sie werden verwendet, um die Zettel, auf denen du die Namen geschrieben hast, zu binden. Auf einen weiteres Stück Papier schreibe den Namen der Venere mater amoris[129], ebenfalls mit deinem Blut.

---

[128] Kuh, die noch nicht gekalbt hat.

[129] »Venus ist die Mutter der Liebe.«

Der Apfel wird in zwei Teile geschnitten, die Kerne werden entfernt und die mit den Haaren gebundenen Notizen an ihrer Stelle gelegt. Gebe zum Apfel noch zwei grünen Myrtenstangen hinzu und lasse ihn im Ofen gut trocknen. Wickel ihn danach in Lorbeer- und Myrtenblätter, lasse den Apfel von einer zuverlässigen Person unter das Kopfkissen legen, wo das junge Mädchen schläft, aber ohne dass sie es merkt, und in wenigen Tagen wirst du die Wirkung ihrer Liebe sehen.

WUNDERBARES REZEPT ZUR HEILUNG VON TOLLWUT.

Wenn die Sonne untergeht, gehe mit deinem Zauberstab unter einen Baum wilder Äpfel, und mit deinem Zauberstab schlägst du einen herunter, den du mit nach Hause nimmst. Schneide ihn in zwei Teile und wenn du ihn wieder zusammensetzt, schließe diese zehn Wörter ein:

Zioni, Kirioni, Ezzeza, Kuder, Feze, Hanz, Pax, Max,
Deux, Adimax.

Dann mache einen Kreis auf offenem Feld, lege den Apfel hinein und decke ihn mit drei Feigenblättern zu. Dann lässt du ihn dort bis zum nächsten Morgengrauen liegen und gibst ihn dem Gebissenen mit den Worten:

Adam, Adam, salvum me fac![130]

Oder man nimmt drei Arten von Mehl und backt Brot ohne Hefe, in das man die zehn obigen Worte einschließt, und gibt es dem Tollwütigen nach drei Stunden zu essen, indem man sagt:

---

[130] Adam, Adam, rette mich!

Quis manducat panem istum canis furorem non timet.[131]

Oder ertränken den tollwütigen Hund in Wasser, reiße ihm fünf Haare aus dem Schwanz, verbrenne sie auf einem Teller, sammele die Asche ein und gebe sie dem Tollwütigen mit einem Löffel Weißwein zu trinken.

All dies wird durch die Kraft des Zauberstabs im Namen des allmächtigen Gottes, qui vidit omnia esse bona[132] bewirkt.

EIN WUNDERBARES GEHEIMNIS, UM DIE ZUKUNFT VORHERZUSAGEN.

Ernte im ersten Mondviertel Leinsamen, im zweiten Viertel ziehe Petersilienwurzeln aus dem Boden und bei Vollmond, weiterhin fastend, werden Veilchen geerntet und zuvor werden die Pflanze mit dem Zauberstab berührt.

Dann lege die Samen auf einen Dachziegel des Hauses und mit einem anderen bedeckt, und ebenso die Wurzeln und die Veilchen, indem du insgesamt sechs Ziegeln verwendest, die alle neu sind; und auf dem Dach sollten niemals eine Katze gelaufen sein, noch sollten Spatzen ein Nest gebaut haben.

Rezitiere jeden Tag vierzehn Tage lang eine der sieben Freuden und beende jedes mit einem der sieben Schmerzen der heiligsten Jungfrau Maria.

Am fünfzehnten Tag, faste bis zum Sonnenuntergang und wenn die Sonne verschwunden ist, mache einen Kreis an einem verschlossenen Ort, an dem niemand anwesend ist außer der Person, dem Mann oder

---

[131] Wer dieses Brot isst, fürchtet den Wahnsinn des Hundes nicht.

[132] Der sah, dass alles gut war. Vgl. Schöpfungsgeschichte Gen 1,1 ff.

der Frau, für die du die Zukunft vorhersagen möchtest. Entzünde den Leinsamen, die Petersilienwurzeln und die Veilchen auf einer Glut aus Jasminholz. Und mit dem Zauberstab in der Hand und mit dem Blick in die Richtung, in der die Sonne am nächsten Tag aufsteigen wird, wirst du den Rauch empfangen.

Rufe dann die zehn Sibyllen an, nacheinander mit Namen:

> Sambetta, Libussa, Atemis, Cumana, Eritrea, Fito, Amaltea, Elespontiaca, Frigia, Tiburtina.

An diesem Punkt wird die prophetische Inspiration vom Gehirn zu den Lippen herabsteigen, damit sie die Zukunft vorhersagen werden.

EIN MAGISCHES GEHEIMNIS, UM DEN NAMEN DES THRONFOLGERS ZU KENNEN.

Einige Wahrsager, darunter ist Jamblichus[133] zu erwähnen, wollten wissen, wer der Nachfolger des Kaisers Valens werden würde, und bedienten sich der Alectryomantie[134]: der Hahn zeichnete die Buchstaben THEOD. Vor dieser Prophezeiung gewarnt, ließ Valens mehrere Magier töten und beseitigte all diese würdigen Männer, deren Namen mit diesen fatalen Buchstaben begannen; das verhinderte jedoch nicht, seinen Zepter einige Jahre später an Theodosius den Großen zu übergeben.

---

[133] Iamblichos von Chalkis, ca. 240 bis 320, antiker griechischer Philosoph, gilt als Neuplatoniker.

[134] Die Wahrsagung durch einen Hahn; mindestens bereits in antiker Zeit in Griechenland aber auch in Afrika praktiziertes Verfahren. Es gibt zwei Möglichkeiten: einen Hahn wird in die Mitte eines Kreises aus Buchstaben gestellt. Auf jedem Buchstaben liegt ein Korn. Die Buchstaben, dessen Korn der Hahn aufpickt, gelten als gewählt. Zweitens: Körner werden auf den Boden gestreut, der Hahn pickt einige auf; das so entstandenen Muster versucht man zu deuten.

EIN GEHEIMNIS FÜR DIE AUFERWECKUNG DER TOTEN.

Hier sind die Methode und die Anweisungen zur Wiederbelebung der Toten wiedergegeben. Damit sind aber nicht diejenigen gemeint, die vollständig tot sind, wie zur Zeit unseres Erlösers Jesus Christus, als er Lazarus und die Tochter der Witwe auferweckte, und andere, die vollständig tot waren. Sie wurden von dem wiederbelebt, der alles im Himmel und auf Erden machen konnte. Wir meinen aber nur diejenigen, die am Lebensende sind und von den Ärzten und Verwandten aufgegeben wurden und keine Hoffnung mehr haben, länger zu leben. Solche Menschen wie diese meinen wir, die wir mit Hilfe des Herrn wiederbeleben wollen; und diese Meisterschaft wird erreicht, indem man ein wenig von der wunderbaren reinen Quintessenz zu trinken gibt und darüber hinaus ihren Kopf und ihren Bauch damit salbt, und bald wird er oder sie wiederbelebt. Weil es den Magen erreicht, beeinflusst es das Herz mit einem natürlichen Lebensstrahl, und du wirst bald sehen, wie der Teint innerhalb einer zehntel Stunde wiederhergestellt wird; so dass die Zeugen dies als göttliches Wunder betrachten und nicht als menschliches Werk.

Es sei daran erinnert, dass der ruhmreiche Hof Karls V. aus diesen Erfahrungen, die eher als Wunder geglaubt wurden, eine Unendlichkeit gemacht hatte.

Schließlich wurden in Rom beim Kaiser in der Nähe Seiner Heiligkeit, wundersame Heilmittel für die menschliche Gesundheit verwendet. Üblicherweise wurde das Engelselektuarium[135], das aromatische, die Quintessenz und den künstlichen Balsam gegeben. Und mit diesen vier so hergestellten und zusammengesetzten Heilmitteln, vollbrachte

---

[135] Lat. für Electuarium, deutsch Leckmittel; ist eine eingedickte Saft-Honig-Zubereitung von dick-zähflüssiger Konsistenz, wurde als Arznei im Mittelalter verwendet.

113

er Wunder auf Erden, so dass viele denjenigen, der sie vollbrachte, für einen großen Propheten hielten.

Aber einige römische Ärzte sahen die wunderbaren Wirkungen und die große Geschwindigkeit der Heilmittel. Sie sorgten sich, ihren Status und Ruf zu verlieren, als sie sahen, dass diese Mittel ganz natürlich und in großen Mengen gebraucht wurden; sie sahen Prälaten und große Männer, die sie billigten. Daraufhin beschlossen sie, bewegt von großem Neid und Ungerechtigkeit, die genannten Heilmittel auszulöschen und ihren Gebrauch in Rom zu verbieten; und deshalb machten sie eine bittere Verschwörung, um zu versuchen, ihr böses Verlangen zu erreichen, was jedoch nicht gelang, und nach einem großen Streit blieben sie als unwissende Esel zurück.

Damit sehen wir, wie der Herr, Gott, der Gesegnete, eine Missetat schnell heilt. Und deshalb sollte niemand versuchen, die Wahrheit zu bekämpfen. Wenn die berühmte Quintessenz diese Wunder vollbringt, dann nur, weil Gott der Herr ihr eine solche Kraft verliehen hat, die Menschen sehen zu lassen, wie groß seine Kraft und Güte ist, da diese sonst auf Erden unter den Menschen nicht so geschätzt worden wäre. Denn das engelhafte Electuarium, die Quintessenz, der aromatische und der wahre Balsam, kann durch die Gnade des Erretters noch viel größere Dinge bewirken.

Diejenigen, die nicht an den Schlüssel glauben, können es nach Belieben ausprobieren und werden viel mehr finden, als auf diesen Seiten gesagt wird.

Fine.

Die große Kabbala des grünen Schmetterlings

Um das Jahr 3087 erhielt Schischak[136], König von Ägypten, von einem seiner Freunde, einem berühmten Nekromanten, eine aus einem einzigen Diamanten gefertigte Kiste, die ein Geheimnis enthielt, von dem sein Glück abhing, wie er erzählte. Er gab ihm den Schlüssel, aber mit der Anweisung, sie erst ein Jahr später zu öffnen.

Schischak, der gezwungen war, seine Feinde zu bekämpfen, reiste ab, nachdem er seiner Frau diese kostbare Kiste gegeben hatte, wobei er den Schlüssel bei sich trug, der nie wieder gefunden wurde. Man versuchte mit allen Mitteln, die Kiste zu öffnen, ohne sie zu zerbrechen, aber vergebens. Da die Kiste an sich schon von großem Wert war, schenkte sie sie dem Kaiser von China. Dort blieb sie für fast ein Jahrhundert ungeöffnet in seiner Familie. Damals wurde sie von einem Juden im Dienste des Hofes gestohlen und nach Europa gebracht. Aus Angst, mit der Kiste erwischt zu werden, zerbrach er sie, und dadurch wurde die Kabbala gefunden, die du gleich lesen wirst.

Gehe im Mai, Juni oder Juli gegen Mittag in den Wald, der deinem Haus am nächsten ist, und sprich »das Gebet des Salamanders«. Suche dann den größten Baum im Wald, klettere auf einen der größten Äste und schlage einunddreißig Mal auf eine rote Kupferpfanne; sogleich wirst du einen Schwarm Schmetterlinge auf dich zukommen sehen, von denen mehrere grüne Flügel haben. Fange den größten, wenn du kannst, und lege ihn in eine jungfräuliche Schnupftabakdo-

---

[136] Ab 945 v. Chr. König von Ägypten, unternahm ein Feldzug gegen Palästina und Jerusalem, wird in 1 Kön 14,25 ff und 2 Chr 12,2 ff erwähnt.

se[137]. Wenn Du nach Hause kommst, entzünde ein großes Erlenholzfeuer. Gieße nach und nach drei Pinten Branntwein darauf, achte darauf, dein Gesicht vor den Flammen zu schützen. Nachdem das Feuer erloschen ist, lege die Schnupftabakdose für 38 Stunden in die Asche. Wenn du sie wieder herausgenommen hast, gehe zu deiner Pfarrei und lege die Dose unter den größten Leuchter am Altar, wo du am nächsten Tag die Messe hören wirst und zur Beichte gehst.

Am Festtag deines Patrons, um Mitternacht, gehe in dein Zimmer, führe die Große Anrufung durch, die du im »der wahrhaft rote Drache« findest. Dann wird dir Astaroth erscheinen, in der Form, die du ihm befiehlst. Er wird dich um deine Befehle bitten, er wird sie ohne Gegenfrage ausführt.

Du kannst folgendes von ihm verlangen:

1. Er enthüllt dir alle verborgenen Schätze bis zu zehn Meilen Entfernung.

2. Er teilt dir mit, welche Frau du heiraten wirst oder welchen Ehemann, wenn du ein Mädchen bist.

3. Er verrät das Alter, in dem du sterben[138] wirst.

4. Bringt dir jede gewünschte Person auf dein Zimmer.

5. Er enthüllt die verborgensten Geheimnisse der Natur.

6. Er bringt dir eine Summe, die ausreicht, um bis zum Ende deiner Tage zu leben.

7. Er zeigt die Heilmittel, die bei allen Krankheiten wirksam sind.

---

[137] Im Buch steht an dieser Stelle die Anmerkung: »siehe in der Abbildung unten den Grünen Schmetterling, wie du ihn fangen sollst«.

[138] Andere Fassung schreiben »heiraten wirst«.

8. Er hält von deinen Feldern und deinem Zuhause Wirbelstürme und schädliche Tiere und alles, was deinen Interessen schaden könnte, fern.

9. Er erklärt dir, wer deine Feinde und wer deine Freunde sind.

10. Er kann dich an jeden beliebigen Ort bringen.

11. Er kann dir einen Monat im Voraus die Zahlen bekannt geben, die in der Lotterie gezogen werden.

12. Er gibt dir die Macht, dich unsichtbar zu machen.

13. Er kann dir Richter günstig stimmen, (damit niemand schlecht über dich redet.)

14. Er lässt dich beim Losziehen das richtig Los oder die richtige Zahl ziehen, egal bei welchem Spiel.

FIGURE DU PAPILLON VERT.

DIE ART, DEN GRÜNEN SCHMETTERLING ZU FANGEN.

Nimm ein Netz, wie man es normalerweise zum Sammeln von Schmetterlingen braucht.

Der Reifen des Netzes muss einen Durchmesser von mindestens neun Zoll haben und die Tiefe sollte etwa fünfzehn Zoll betragen. Der Griff sollte zwischen 9 und 10 Fuß lang sein. Platziere um den Reifen herum und innen einige Blumen, auf deren Blüten die Schmetterlinge zur Ruhe kommen können. Diese Möglichkeit, sie ständig anzulocken, bietet bald Gelegenheit, einen der grünen Schmetterlinge zu fangen.

Hier endet die Fassung von Blocquel.

Der Schlüssel von König Salomon.

DRITTES BUCH.

VON DEN GEISTERN UND IHREN FÄHIGKEITEN.

Bevor du die folgenden Operationen erfolgreich ausführen kannst, musst du die folgende Figur mit deinem eigenen Blut oder dem einer männlichen Meeresschildkröte auf Jungfernpergament zeichnen. Setze den ersten Buchstaben deines Namens in den Kreis bei A und den ersten Buchstaben deines Nachnamens bei B ein.

Um beste Ergebnisse zu erzielen, graviere dieses Zeichen in einen Smaragd oder Rubin oder ein Stück roten Marmor oder Heliotrops[139], ein Stein, der große Sympathie für die Geister der Sonne hat, insbesondere für diejenigen, die klüger und besser sind als die anderen.

Wenn es eine Frau ist, die die Operation durchführt, sollte sie es in der linken Tasche oder zwischen ihren Brüsten tragen. Ein Mann sollte diese Zeichen am Tag des Mars schreiben; eine Frau kann es an jedem der anderen Tage tun.

---

[139] Wörtlich der Sonnenwender, auch Blutjaspis genannt, obwohl er kain Jaspis ist. Er hat ein lebhaftes Farbenspiel und ist ein begehrter Schmuckstein.

DAS MAGISCHE AMULETT.

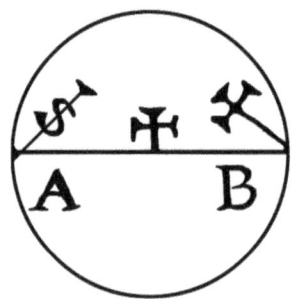

DIE GEISTER UND IHRE FÄHIGKEITEN.

Diese Geister sind die Fürsten mit ihren Gefährten, sie werden Luzifer, Belzébut und Elestor genannt. Die Untergebenen, die Luzifer unterworfen sind, leben in Europa und Asien; diejenigen, die Belzébut unterstehen, leben in Amerika. Luzifer und Belzébut haben Anführer, die ihre Untertanen befehligen und teilen jede Macht zu und ordnen an, was überall auf der Welt Notwendiges getan werden muss. Sie erscheinen ihren Untertanen in Form eines Pferdes, einer Schlange oder einer Ziege mit einer großen Schnauze, und ihren Anführer erscheinen sie in ihrer eigenen, wahren Gestalt.

Wenn du etwas von ihnen erhalten möchten, rufe sie zuerst bei ihren Namen und mit ihren Charakteren, denn wenn du ihnen opferst und sie vergisst, wird das Opfer wirkungslos sein, und in Amerika wird Elestor dich mit Schlägen überwältigen.

Die Anführer von **Luzifer** sind **Sirachi** und **Satanachi**, deren Charaktere wie folgt sind:

Die Anführer von **Belzebuth** sind **Agateraptor**, **Himacth** und **Stephanata**. Hier sind ihre Charaktere:

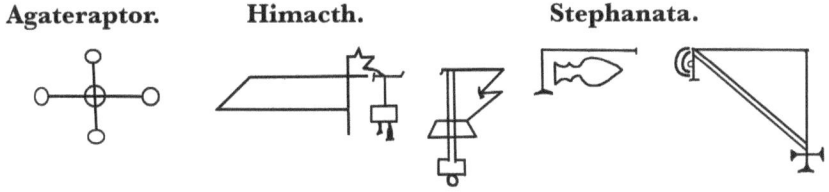

Es gibt viele andere Hauptdämonen, zusätzlich zu denen, von denen wir gesprochen haben, die Sirachi oder Sinachi als ihren Anführer haben. Hier folgen ihre Namen und Charaktere.

Elantiel oder **Chaunta**. Er hat Macht über Reichtümer. Hier ist sein Charakter.

Resochin oder **Roschim**. Er gibt und entfernt die Mittel, um zu wissen, was in den Angelegenheiten des Staates geschieht. Hier sind seine Charaktere:

Bechar. Er hat Macht über Wind, Graupel, Blitz, Hagel, Schnee sowie über Blutregen und Kröten und andere Spezies. Hier ist sein Charakter:

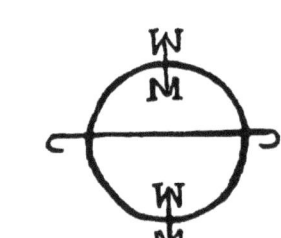

Frimoth. Er hat Macht über das, was die Menschen und die Liebe betreffen. Er erregt und verhindert menschliche Leidenschaften, löscht oder steigert die Leidenschaft von Mädchen und kann Fehlgeburten verursachen.

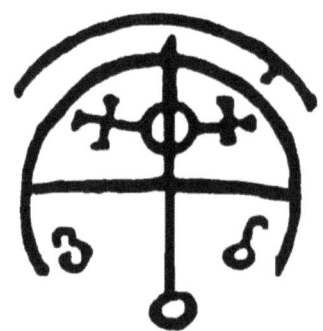

Klepoth oder **Kepoth**. Er macht tausend Umdrehungen, als würde er mit deinen Begleitern tanzen. Er kann dich schöne Musik hören lassen, von der du glaubst, dass sie echt sei. Er gibt dir wie im Vorbeigehen und flüstert dir die Karten deiner Mitspieler ins Ohr. Hier ist sein Charakter:

Klic oder **Kleim**. Er erregt Erderschütterungen, hat Macht über Städte und Häuser. Sein Charakter ist wie folgt:

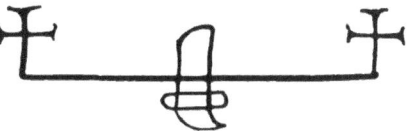

Mertiel oder **Inertiel**. Er kann dich im Handumdrehen an jeden gewünschten Ort oder in jede gewünschte Region bringen. Hier ist sein Charakter:

Sirumel oder **Selytarel**. Er lässt Schemen am Tag und in der Nacht erscheinen. Hier ist sein Charakter:

Sirechael. Er wird dir unterschiedlichste Gegenstände anbieten, von Dingen, die fühlen und sich bewegen. Hier ist sein Charakter:

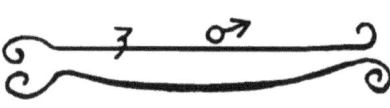

Hepoth. Er kann jeden erscheinen lassen, der an einem entfernten Ort lebt, Mann, Mädchen oder Freund, was immer du verlangst. Das ist sein Charakter:

Fegot. Er kann dir Visionen von schrecklichsten Monstern und Chimären zeigen, die du dir vorstellen kannst. Hier ist sein Charakter:

Humet. Er kann dir jedes gewünschte Buch bringen. Hier ist sein Charakter:

Frulhel oder **Frastiel**. Er kann dir jeden bringen, tot oder lebendig. Hier ist sein Charakter:

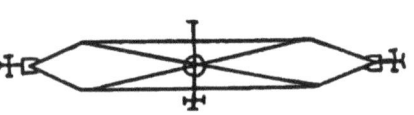

Galant. Er verursacht und heilt jede Krankheit, sogar Geschlechtskrankheiten. Hier ist sein Charakter:

Surgatha. Er kann alles öffnen, was verschlossen ist. Hier ist sein Charakter:

Menail. Er macht Dinge unsichtbar. Hier ist sein Charakter:

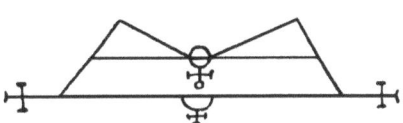

Glitia. Er bereitet nach Belieben opulente Bankette mit exquisiten Speisen und köstliche Weinen. Hier ist sein Charakter:

Es gibt fünf weitere Dämonen unter der Kontrolle von **Satanachi**, von denen die vier wichtigsten die folgenden sind:

Sugunth,

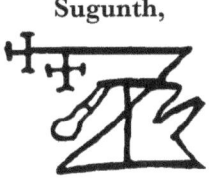

Eramael,

Irmasial,

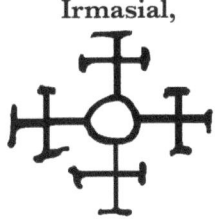

Suffugiel.

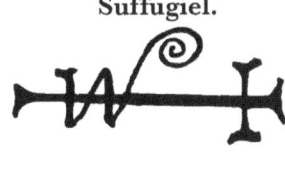

Wir beschreiben im Kapitel über Beschwörungen, wie man nicht nur diese Geister befehligt, sondern auch all diejenigen, deren Kräfte unten beschrieben werden. Es gibt Millionen von Geistern, deren Namen sinnlos wären zu erwähnen, da jedes Siegel, das gut ist, um den Herrn zu befehligen, auch den Diener befehligen kann. Außerdem ist es unmöglich, die genannten Geister alleine kommen zu lassen, weil ihre Untergebenen sie immer begleiten und sie dazu bringen, deinem Willen zu gehorchen. Wir erwähnen dies nur, um diesen Teil über die Fürsten, die Macht über andere Geister haben, zu vervollständigen.

Hazel. Er lehrt das Schreiben aller Arten von Briefen und das Sprechen aller Arten von Sprachen und kann die Bedeutung von Briefen in Geheimschrift verständlich machen. Hier ist sein Charakter:

Hacel.

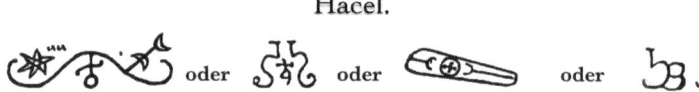

Sergulas. Er stellt verschiedene Arten von Instrumenten zur Verfügung, um alle möglichen Dinge oder Güter herzustellen. Sein Charakter ist wie folgt:

Sergulas.

126

Es gibt andere Geister der Luft und die des Feuers, die für unsere Operationen nicht notwendig sind.

DIES IST DER SCHLÜSSEL.

UM DEN SCHLÜSSEL DER ARBEIT ODER DEN ZAUBERSTAB FÜR ALLE OPERATIONEN ZU MACHEN.

Der Zauberstab muss aus einem Haselnusszweig gemacht werden, der geschnitten wird, wenn die Sonne am Tag und zur Stunde des Saturns in die Zwillinge eintritt, wenn der Mond zunimmt. Du musst drei Tage fasten, bevor du zu dem Ort gehst, an dem du ihn schneidest. An den beiden Enden sollen diese hebräischen Buchstaben geschrieben oder graviert werden:

· נדונך ·

Wenn du mit der Operation beginnst, halte ihn mit der Hand und wickele ihn bei Nichtgebrauch in einen Stoff aus Seide oder schwarzer Schurwolle. Er muss genau zwei Fuß lang sein, und du solltest an dem Tag, an dem du ihn schneidest, mit niemandem sprechen. Er muss dreieckig sein, wie hier gezeigt:

Hier sind die Worte, die auf jede der drei Seiten des oben genannten Zauberstabs geschrieben werden müssen. Sie müssen mit Blut geschrieben werden, das aus dem Saturnfinger[140] entnommen wurde.

Erster Engel	
Zweiter Engel	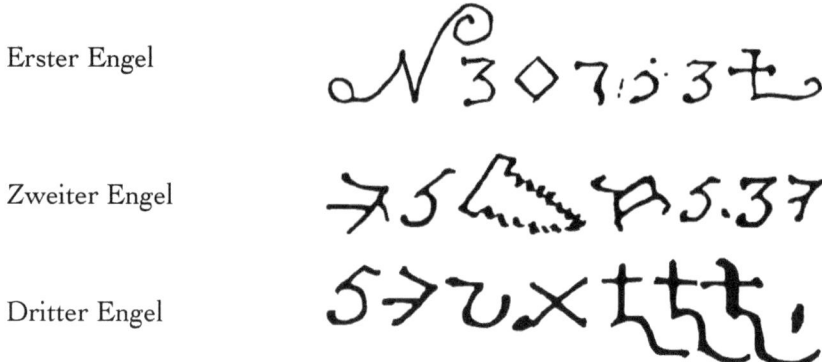
Dritter Engel	

Er muss immer in schwarzen Stoff gewickelt sein, und wenn man operieren möchte, packe den besagten Zauberstab aus. Halte ihn bei der Beschwörung in die Luft, während du den Geist anrufst und seinen Namen nennst, was in einer Art geschehen muss, die wir am Ende unseres Schlüssels lehren werden, und berühre die Kreise, Charaktere oder Medaillen mit dem Zauberstab.

DAMIT DES REGNET.

Nimm natürliches oder künstliches Meerwasser und lege es in einen Kreis, den du auf dem Boden gemacht hast, wie in den Kapiteln über den Kreis beschrieben. Lege in die Mitte des Kreises den Heliotrop-

---

[140] Der Mittelfinger.

Stein und auf die rechte Seite den Zauberstab, wie oben angemerkt. Schreibe die Charaktere von Bechard auf die linke Seite und Eliogaphatel in die Mitte, halte den Stab und sprich:

Eliogaphatel, der Himmel besteht aus Wolken, mögen sie sich in Wasser auflösen.

Sind diese Worte ausgesprochen, wird Regen in Hülle und Fülle fallen. Meerwasser wird hergestellt, indem man etwas Flusswasser nimmt, etwas Salz und Schlamm hinzufügt und es fünfzehn Minuten lang auf einem Feuer kocht, auf das man einen kleinen Bimsstein geworfen hat.

DAMIT ES SCHNEIT.

Gehe wie oben vor, verwende jedoch anstelle des Charakters von Eliogaphatel den von Luzifer.

UM ALLE GESCHLOSSENEN DINGE ZU ÖFFNEN.

Nimm einen Magnetstein und mache dreimal das Zeichen des Andreaskreuzes. Nimm den Zauberstab und zeichne einen Kreis um den Stein. Zeichne in diesen Kreis ein Quadrat, in jede Ecke den Charakter von Surgathat und lege um den Kreis vier Zweige Mondraute herum und sprich diese Worte mit sehr leiser Stimme, während du den Stein ehrfürchtig in deinen Händen hältst:

Beschat, Surgatha, Menail, Remischat, Regadamer, und Chinnuts.

Nachdem du alles mit Bleispänen bedeckt hast, trage diesen Magnetstein bei dir oder vor dir und legst ihn vor etwas Verschlossenes, wird es sofort geöffnet.

UM GOLDMÜNZEN ZU HABEN, SO VIELE UND WANN IMMER DU WILLST.

Um so viele Goldstücke zu haben, wie du möchtest, mache so viele Kreise oder Runden aus Jungfernpergament, wie oben angemerkt. Klebe sie zusammen, jede in der Größe des Wertes der Münze, die du haben möchtest. Mache dann einen Kreis auf dem Tisch und die drei Charaktere von Chaunta, dann hebe alle Pergamente hoch und sprich diese Worte durch das Schlüsselloch deines Zimmers, den Zauberstab haltend:

Chaunta, Ferala, Sadain, If, Gluth, Temterans, Tagam, Seranna, Ferunt, Eritherem, Elibanoth, Nerohin.

Sag das am Abend und schlafe eine Stunde auf deinem Bett, ohne an die Münzen zu denken. Dann findest du statt Pergament solche aus echtem Gold. Setze die beiden Charaktere von Chaunta in den Kreis, einen oben und den anderen unten.

ANGENEHME MUSIK ZU HÖREN.

Bilden in einem Kreis den Charakter von Klepoth oder Kepoth und sprich die folgenden elf Wörter:

Ador, Klepoth, Chelath, Migaroth, Pooch, Silma, Sirath, Sernchiel, Rotho, Maron, Collen,

Und kurz darauf wirst du angenehme Musik hören.

Hier beginnt das Buch, welches

Der Schlüssel der Weisheit

Buch I

genannten wird

von

König Solomon

Welches Gebet zur Beschwörung gesprochen werden soll. Kap.1.

Herr Jesus Christus, der geliebte Sohn Gottes, der die Herzen der Menschen in aller Welt erleuchtet, erhelle die Finsternis meines Herzens und entzünde das Feuer deiner heiligsten Liebe in mir. Gib mir wahren Glauben, vollkommene Barmherzigkeit und Tugend, wodurch ich lernen kann, dich zu fürchten und zu lieben und deine Gebote in allen Dingen zu befolgen; damit, wenn der letzte Tag kommt und der Engel Gottes mich friedlich aufnimmt und mich von der Macht des Teufels befreit, damit ich die immer währende Ruhe inmitten der Gesellschaft der Heiligen genieße, und ich zu deiner Rechten sitzen kann. Gewähre dies, du, Sohn des lebendigen Gottes und um des heiligen Namens willen. Amen.

EIN BEKENNTNIS, WELCHES GESPROCHEN WERDEN SOLL, BEVOR DU BEGINNST ZU ARBEITEN. KAP. 2.

Ich bekenne vor dir, Herr, Gott, Vater des Himmels und der Erde und vor dem guten und gütigsten Jesus Christus, zusammen mit dem Heiligen Geist, vor deinen heiligen Engeln und vor der wahren Erhabenheit deines Kreuzes, dass ich in Sünde gezeugt wurde und diese sich seit meiner Taufe in mir fortsetzt. Ich bekenne außerdem, dass ich in Stolz gesündigt habe, in Wut, in Völlerei und in jeglicher Schwäche, in der ein Mensch sündigen kann, ich habe gesündigt. Deshalb bete ich zu euch, alle Heiligen, in dessen Zeichen ich all diese Dinge bekannt habe, dass ihr Zeugnis ablegt am Tag des Jüngsten Gerichts gegen den Teufel, so dass ich rein bin und all meine Sünden bekannt habe, so lass mich rechtschaffen vor dir erscheine, oh, du Höchster und gewähre mir deine Gnade durch deine unaussprechliche Milde, dass ich alle Geister sehen und erkennen werde, die ich haben möchte und die ich durch meinen Willen und Wunsch erreichen will. Amen.

VON DER BESCHWÖRUNGSFORMEL, MIT EINER DAZUGEHÖRIGEN VERWÜNSCHUNG. KAP. 3.

Herr, Gott, allmächtiger Vater, der alle Dinge gemacht hat, der alles weiß, für den weder etwas verborgen noch unmöglich ist, sei mir gnädig, alles Rechtschaffene zu verstehen und zu erkennen und alle Tugenden aller Lehren, die in deiner heiligsten Gnade verborgen liegen, durch diesen deinen unbeschreiblichen, verehrungsvollen und zu furchtbaren Namen Hyach, vor dem die ganze Welt erzittert und durch diese Furcht, durch die dir alle Wesen aufrichtig folgen. Gewähre mir auch, dass das Geheimnis der Geheimnisse aller Geister vor mir behutsam offenbart und meine Gebote befolgt werden, durch den heiligsten Adonay, dessen Königreich für immer besteht. Amen.

Ist dies getan, möge sich der Zauberkünstler erheben, und er lege beide Hände kreuzweise auf das Pentakel, und einer seiner Begleiter halte immer das geöffnete Buch vor ihm; und lasse ihn in die Luft und in die vier Richtungen der Welt blicken: danach schaue er in das Buch, lasse ihn folgendes sagen:

Herr, mein Gott, sei du mir ein Wehrturm gegen das Gesicht aller bösen Geister.

Danach drehe er sich zuerst nach Osten, als nächstes nach Süden und dann nach Westen und nach Norden; und in jede Richtung sagt er:

Betrachte die Zeichen und Namen der Bezwinger, die du täglich fürchtest, deshalb fürchte mich und folge mir durch dieses größte Geheimnis von allen.

Gleich danach beginnt er, diese Geister zu beschwören, wie es die Kunst vorgibt, welche er dann in der Hand hat, und sie werden schnell erscheinen. Wenn nicht, dann rufe sie wie folgt und wisse, auch wenn sie in Eisen geschmiedet sind, sie werden kommen oder einen Boten senden.

Ich beschwöre euch, Geister N. (nenne ihre Namen) durch den Vater, den Sohn, und den Heiligen Geist, und durch ihn, der kommen wird, um die Welt zu richten, die Lebenden und die Toten, durch das Feuer; und durch die Geburt und die Taufe, durch den Tod und bei der Wiederauferstehung Christi, durch das Kommen des Heiligen Geistes – unseren Tröster, durch die heilige Maria, die Mutter unseres Herrn Jesus Christus, durch ihre Jungfräulichkeit, durch die sieben Gaben des Heiligen Geistes und durch die Geburt des Johannes des Täufers.

Ich beschwöre euch durch die zwanzig Ältesten, durch die neun Ordnungen der Engelhierarchie, die Engel, Erzengel, Throne, Herrschaften, Tugenden, Fürsten, Gewalten, Cherubim und Seraphim und durch alle Tugenden des Himmels, durch die vier Bestien Gottes, die Augen sowohl hinten als auch vorne haben, und durch die zwölf Apostel.

Ich beschwöre euch auch durch alle Märtyrer, Sankt Stephan und durch alle anderen, durch alle Gläubigen, wie Sankt Silvester und alle anderen, durch alle heiligen Eremiten, Äbte, Mönche und durch alle heiligen Propheten, durch alle heiligen Jungfrauen und Witwen und durch alle Heiligen, deren Feste vor dem Angesicht Christi überall in der ganzen Welt gefeiert werden; durch dessen Ehre und durch die Gebete ist Gottes Erhabenheit unsere Hilfe und Stütze bei all unseren Arbeiten und bei allen Dingen, die damit übereinstimmen.

Ich beschwöre euch bei Gott, von der Jungfrau Maria geboren, der ans Kreuz gehängt wurde, der tot und begraben war, der wiederkommen wird, um sowohl die Lebenden als auch die Toten durch das Feuer zu richten.

Ich beschwöre euch Geister durch alle Patriarchen, Propheten, Apostel, Evangelisten, Märtyrer, durch die, die Bekenntnis ablegen, durch die Jungfrauen und Witwen und durch Jerusalem, die Heilige Stadt Gottes und durch den Himmel und die Erde und durch alles, was darin ist und durch alle anderen Tugenden und durch die Elemente der Welt und durch Sankt Peter, Apostel Roms und durch die Dornenkrone auf dem Kopfe Gottes aufgesetzt und durch die Kleidungsstücke, die er getragen hat, die verlost wurden und durch alle Dinge, die über unseren mächtigsten Schöpfer gesagt oder gedacht werden können und durch die heilige Dreieinigkeit und durch alle heiligen Höfe und Gemeinschaften des Himmels und durch Ihn, der am Anfang alle Dinge alles aus dem Nichts erschuf und durch Ihn, der für das Heil der Menschheit auf die Erde hinabstieg und von der Jungfrau Maria geboren ward, der unter Pontius Pilatus litt, gekreuzigt wurde, tot war und begraben wurde und in die Hölle hinunterstieg, bei dem Tage, an dem er wieder auferstand von den Toten und auffuhr in den Himmel und nun sitzet zur Rechten Gottes, woher er kommt, um die Lebenden als auch die Toten und die Welt durch das Feuer zu richten. Und durch den Heiligen Geist, den Tröster, der wahrlich vom Vater und dem Sohn gleich einer Taube ausging, als Christus in den Fluten des Jordans getauft wurde und über ihn und seine Apostel kam, um das Evangelium Gottes mit etlichen Zungen zu verbreiten und durch die Dreiheit Gottes, in der Einheit angebetet und durch die Gemeinschaft der Heiligen, die weder Tag noch Nacht schweigen, sondern mit lauten Stimme rufen; sie sagend: Heilig, heilig, heilig, bist du, Herr Gott Zebaoth, Himmel und Erde sind voll deiner Erhabenheit und deines Ruhmes; Hosianna in der Höhe; gesegnet sei der, der kommen wird, im Namen des Herrn: Hosianna in der Höhe. Und

durch die Gemeinschaft der 144 Märtyrer, die zur Welt sprechen; sie ertrugen den schwersten Teil des Martyriums.

Ich beschwöre euch Geister durch den Donner, des lodernden
Feuers und durch Gottes Blitz usw. durch die sieben goldenen
Kerzenständer, die vor dem Altar Gottes leuchten und durch
alle Wunder, die von Heiligen und Engeln getan worden sind,
durch alle Gebote, die für den christlichen Glauben und von
der Gemeinschaft der Heiligen errichtet worden sind, die den
sieben Stufen des unbefleckten Lammes folgen und durch alle
Heiligen, die Gott erwählte, bevor das Fundament der Welt
gelegt wurde und durch ihre Verdienste, die Gott recht gut
gefallen.

Ich beschwöre euch Geister, wo immer ihr auf der Welt auch
seid, durch die Verkündung Christi, durch die Taufe Christi,
durch die Beschneidung Christi, durch die Verklärung Christi
auf dem Berg Tabor, durch das Kreuz Christi, durch die Pas-
sion Christi, durch die Tränen Christi und durch seine Stimme, die sagt: hely, hely, Lamazabathany; durch den Tod
Christi, durch seine Hände, die mit Nägeln durchstoßen wurden, durch seine Wunden und sein Blut, durch den Körper
Christi, durch das Grab Christi und durch das Brot, das er
brach und seinen Aposteln gab und sprach: »Das ist mein
Leib des neuen Testaments, der für die Menschen hingegeben
wird, zur Vergebung der Sünden.[141]«, und durch seine ruhm-

---

[141] Vgl. Mt 26,27 f »Dann nahm er den Kelch, sprach das Dankgebet, gab ihn den Jün-
gern und sagte: Trinkt alle daraus; das ist mein Blut des Bundes, das für viele vergossen
wird zur Vergebung der Sünden.« Das Wort Testament bedeutet »Bund«. Siehe auch 2
Mose 24,8 »Da nahm Mose das Blut, besprengte damit das Volk und sagte: Das ist das
Blut des Bundes, den der HERR aufgrund all dieser Worte mit euch schließt.«

volle Auferstehung und durch alle wunderbaren Werke Gottes.

Ich beschwöre euch Geister durch die Kräfte aller Kräuter, der Steine, des Grases und durch alle Dinge, die sanftmütig dem Gebot Gottes folgen. Außerdem beschwöre ich euch Geister durch diese unbeschreiblichen Namen Gottes: Asahac, Radrematas, Fallcas, Anbonas, Anborac, Bera, Bolem, Yaelem, Ladodoc, Acathel, Coplice, Piham, Sanca, Harucara, Adonay, Barucaea, Oboi, Emagro, Jesu, Gott.

Gott, du hast den Himmel und die Erde erschaffen und du sitzest auf Cherubim und Seraphim – und durch den wunderbaren Namen Tetragrammaton, der Evan, Jothe ist und durch den heiligen und unbeschreiblichen Namen Ane, Rethon, der Gebieter lassen alle Geister meinen Willen und meinen Geboten folgen.

Ich beschwöre euch Geister, wo ihr auch immer auf der Welt seid, dass ihr nicht mehr länger in der Luft, noch in der Erde, noch an jedem anderen Platz verharrt, sondern dass ihr hier sofort vor uns erscheint und unserem Willen und Verlangen Folge leistet. Und ich befehle euch, dass ihr auf direktem Wege zu uns kommt, um das zu erfüllen, was auch immer wir von euch verlangen.

Ist dies getan, werden sie zweifellos erscheinen, aber falls sie es zufällig nicht tun, soll der Meister seine Stimme erheben und sprechen:

Schaut euch hier die Zeichen und Namen an, das Geheimnis aller Geheimnisse, wer wagt so kühn zu sein, sie anzuzweifeln und widersteht dem Namen des mächtigen Herrn, der über die ganze Welt herrsch. Kommt deshalb hier vor uns, wo ihr auch immer seid und sehet dieses größte Geheimnis aller Geheimnisse, kommt und ihr erhaltet den angenehmen Geruch von süßem Duft, der euch uns freundlich antworten lässt.

Wenn sie dann erscheinen, zeige ihnen die Pentakel.

Aber wenn sie es nicht tun, lass den Magier (der die Luft um sich herum zu jeder Seite schlägt), mit zischender Stimme sprechen, und seine Begleiter beten mit klarer Stimme:

> Schauet, ich beschwöre euch, ich rufe euch an, ich exorziere euch durch den mächtigen, großen und starken Namen Hel. Ich beschwöre euch und befehle euch durch den wunderbaren Berlayne, heilig, großartig und zwar so, dass ihr nicht zögert zu kommen, aber ohne jeden Lärm und ohne jede Missbildung.

> Ich beschwöre euch und mit Macht befehle ich euch durch ihn, der spricht und der heilig ist und durch alle seine Namen. Im Namen Adonay, Aloe, Alnon, Zebaoth, Saday. Auch befehle ich euch durch dieses Buch und bei allen Mächten darin, dass ihr zu uns kommt, nicht entstellt, sondern in schöner Gestalt. Wir beschwören euch mit Macht, im Namen Yr und Ur, die Adam hörte und sprach, oder im Namen Gyn, den Noah mit seiner Familie nach der Sintflut hörte und sprach. Und im Namen Y und N und X, die Abraham hörte und die Allmächtigkeit Gottes erfuhr und im Namen Joth, den Jacob von den Engeln hörte, als sie mit ihm sprachen, empfangen aus den Händen seines Bruders Esau; und durch die Namen hely, Ane, heye, die Moses auf dem Horeb, dem Berge Gottes, hörte und erhalten hatte, um mit Gott zu sprechen. Und er hörte Gott selbst in den Flammen des Feuers sprechen; und im Namen Elaye, dem Moses genannt wurde und aller Staub

der Erde war geschlagen, und Mücken waren gemacht unter den Menschen, den Ochsen und dem Vieh der Ägypter, die sie und ihr Getreide vernichteten; und im Namen Arphicerie, den Moses nannte und so alle Arten von Fliegen nach Ägypten schickte, damit sie ihr Obst zerstörten; und im Namen Phaicon, den Moses nannte und es wurde für drei Tage und drei Nächte lang in Ägypten finster und alle starben fast vor Angst; und durch den Namen Arymon, und im Namen Arymon, den Moses um Mitternacht nannte und alle Erstgeborenen in Ägypten starben. Und durch den Namen Gemaron, und im Namen Gemaron, den Moses nannte und das Rote Meer war geteilt, und er führte die Kinder Israels aus der Gefangenschaft. Und im Namen Symagogion, den Elias nannte und der Himmel schenkte Regen und die Erde brachte Früchte hervor[142]. Und im Namen Athanatos, den Jeremia vor der Zerstörung von Jerusalem einnahm. Und im Namen Alpha und Omega, den Daniel nannte und durch den er Bel zerstörte und den Drachen erschlug. Und im Namen Emanuel, den die drei Kinder Sidrac, Midrac und Abednago in dem heißen Feuerofen gesungen haben und sie wurden nicht verletzt[143]. Mit diesen Namen und allen anderen Namen des allmächtigen, einzigen und wahren Gottes, von dem ihr von eurem hohen Thron gestoßen worden seid an den Ort der Verbannung, wir beschwören euch und gebieten euch, durch ihn, der sprach – und es ward getan; dem alle Geschöpfe gehorchen. Und durch die Engel – Mächte des Himmels – und

---

[142] 1 Kön 18,1 f »Die Monate vergingen, und im dritten Jahr sprach der Herr zu Elia: »Geh und zeige dich Ahab. Ich will dem Land Regen schicken!« Da ging Elia, um sich Ahab zu zeigen. Inzwischen war in Samaria eine große Hungersnot ausgebrochen.«

[143] Vgl. Dan 3,19 ff.

durch die große Vorsehung Gottes, des Allmächtigen; und durch das Siegel des Königs Solomon, das er vom Allmächtigen erhielt. Kommt jetzt hierher zu uns, um unseren Wunsch zu erfüllen.

Ich beschwöre euch durch den heiligsten Namen Joth, Hebay, der in hebräischen Buchstaben geschrieben steht und durch den heiligen Namen Primeumaton, den Moses genannt hat und vom Schlund der Hölle verschlungen wurde; Tathon, und Abyran, wenn ihr nicht tut, was wir befehlen, verfluchen wir euch durch die Kraft des Namen Primeumaton ebenfalls bis in den Schlund der Hölle, und wir werden euch dort bis zum tiefsten Punkt schicken, wenn ihr gegen uns rebellieren und diesen unseren heiligen Wörtern widerstehen werdet. So sei es, so sei es, Amen.

Wenn sie bis jetzt nicht erschienen sind, soll der Magier das Kreuzzeichen auf seine Stirn machen, und sprechen:

Wieder beschwöre ich euch, ihr Geister, an welchem Ort ihr euch auch immer aufhaltet, dass ihr kommt, um die gesegneten Zeichen und Namen des mächtigsten Triumphators zu sehen, und wir fordern euch bei seiner Einheit auf, uns zu folgen. Und durch ihn werden wir euch gegen euren Willen zwingen, durch alle wahren Dinge, die aus diesem Werk hervorgegangen sind. Und daraus soll Feuer hervorgehen, das euch ständig verbrennt. Und dies sind die Wörter, durch die die ganze Welt erbebt, durch die Steine hinauf rollen, durch die weder Wasser fließt, noch Feuer brennt.

Dann, auch wenn sie mit Eisenketten gefesselt sind, werden sie geradewegs kommen oder ihre Boten senden. Wenn sie es nicht tun, dann lass den Meister aufstehen, stark – und seine Gefährten tröstend und sich zu den vier Richtungen der Welt drehen, und lass ihn in die Luft schlagen. Lass ihn anschließend mit seinen Gefährten in Richtung Osten knien und mit einer demütigen Stimme sprechen:

> Wo seid ihr Geister, die ihr einst die Engel der neunten Ordnung ward? Kommt und seht die himmlischen Zeichen und die unbeschreiblichen Namen unseres Schöpfers und die Namen der Engel, deren Gefährten ihr einmal ward. Wir beschwören euch erneut und befehlen euch, durch den triumphierenden, mächtigen und starken Namen Gottes Hel, der wunderbar, verherrlicht und tugendhaft und schrecklich ist; wir beschwören euch und befehlen euch, dass ihr ohne jedes Zögern und ohne jede Missbildung kommt und vor uns erscheint.

Wenn sie immer noch ungehorsam sind und nicht kommen wollen, dann lass den Meister all seine Kreise erneuern und ein Kreuz in die Luft mit dem erwähnten Messer[144] zeichnen, und lass ihn in alle vier Richtungen der Welt zischen; lass ihn dann Richtung Norden knien und sprechen:

> Im Namen Adonay, Aloyn, Zebaoth, Saday, dies ist der Herr, Gott, höchster Gott, der allmächtige König, wir bitten dich, dass wir unsere Wünsche vorbringen können und dass alle Werke unserer Hände gedeihen. Und dass der Herr in dieser Stunde und in allen übrigen in unserem Munde und in unserem Herzen weilt.

Lass ihn danach aufstehen und seine Arme ausstrecken, als wolle er die Luft umarmen, und sprechen:

---

[144] Siehe: Grimorium Verum, 3. Buch, das magische Messer und das Opfermesser und folgende Kapitel, sowie: der Schlüssel der Weisheit 2. Buch, 8. Kapitel.

Erneut beschwören wir euch und exorzieren euch; durch diese Zeichen ist es hier zum Ausdruck gebracht, durch deren Kraft und Macht Feuer erlischt; und alles ist in Erinnerung an sie geschaffen worden, und sie nennen wahrlich ihren Schöpfer, und loben ihn, denn in Wahrheit sind es diese:

Veriton, Adyreon, Biraretro, Gyariton, Gyamerion, Celamia, Cheamagi, Rechnaya, Eapmegia, Aderyan, Malchia, Mana, Gana, Roachia, Iaba, Cosia, Boalia, Dorenia, Canco, Galgala, Bache, Baya, Amanua, Cathia, Bachuaya, Geredia, Nyera, Penthohahia, Arathana, Redosta, Calchia, Semeforab, Anare, Neron, Joosar.

Durch diese Kraft bannen und beschwören wir euch, und durch den gesegneten Gott und durch sein Reich und seinen ewigen Ruhm und durch den heiligen Namen des heiligen Glaubens Adonay, Eloe, das heißt, Herr, Gott Zebaoth. Darüber hinaus beschwören wir euch, und wir fesseln euch mit dem Siegel der Sonne, dem Mond und der Sterne und wissen, dass ihr ohne Deformierung kommt, ihr sollt keine Ruhe haben weder bei Tag noch bei Nacht, wo immer ihr auch seid, und ihr sollt in den Flammen des Feuers und des Schwefels verdammt sein; wir werden euch und eure Zahl verbrennen für immer und ewig. Auch dass ihr nicht wieder fortgeht, bis ihr dürft und die Erlaubnis bekommt. Darüber hinaus beschwören wir euch mit diesem Namen Bel und in diesem Namen Ia, Ia, Ia, welcher Gott bedeutet, und in diesem Namen, Vau, Vau, Vau, das »Ich bin, der ich bin« beutet, schließlich beschwören wir euch durch die gesamte himmlische Kraft Gottes, so dass ihr jetzt zu uns kommt, anmutig und weise.

Wenn dies geschehen ist, wirst du sehen, dass sie erscheinen und dass ihre Herren wie große Männer zu sein pflegen, und wenn sie den Meister sehen, werden sie ihm in allen Punkten gehorchen.

Später, wenn du alles getan hast was du willst, befiehl jedem friedlich an seinen Platz zurückzukehren, und sprich:

> Friede sei zwischen dir und mir.

Danach spricht der Magier aus dem Evangelium des heiligen Johannes und die zwölf Kapitel des Glaubensbekenntnisses und geht dann aus dem Kreis; und lass ihn sein Gesicht mit Weihwasser waschen.

Beobachte, ob es ein Geist wagt, abseits zu warten. Wenn eine gewisse Chance besteht, dass sie warten, schreibe ihre Namen auf Papier und bedecke es mit Erde, entzünde ein neues Feuer und tue etwas Schwefel darauf und sprich wie folgt:

> Ich beschwöre dich, Feuer, durch ihn, durch den die ganze Welt besteht, dass du diese Geister verbrennst – und zwar so, dass sie es für immer fühlen mögen.

Wirf das Papier ins Feuer und sprich:

> Verflucht und verschmäht seid ihr für immer, ihr sollt keine Ruhe haben, zu keiner Stunde, an keinem Tag, in keiner Nacht, weil ihr nicht den Worten gehorcht habt, die gesprochen wurden im Namen des mächtigen Schöpfers aller Dinge, seine Namen lauten: Ameteñeton, Io, Ahac, Pater, Semiphoras, Alleluia, Aleph, Beth, Gymel, Daleth, He, Vau, Sayn, Cleth, Tet, Jod, Caph, Lamed, Mem, Nun, Samech, Ain, Pe, Tsade, Coph, Resch, Sin, Tau.

Wir verfluchen euch und berauben euch all eurer Kraft und Stärke, durch die Macht dieser Namen schicken wir euch ins Feuer und in den Schwefel, um ewig zu brennen, für immer.

Ist dies getan, werden sie kommen.

Schreibe dann ihre Namen erneut und mache eine Räucherung darüber, und sie werden eintreffen und fragen, was du willst, und du sollst es erhalten, und dann erlaube es ihnen, wie es zuvor gesagt wurde. Bei diesem Fluch darfst du ein Buch weihen, oder etwas anderes, was du willst.

HIER FOLGT, WIE UND IN WELCHER ART PENTAKEL ANGEFERTIGT WERDEN MÜSSEN, VON DER DIE GANZE WISSENSCHAFT DES »SCHLÜSSEL DER WEISHEIT« ABHÄNGT.[145] KAP. 4.

Diese Pentakel müssen am Tage des Merkurs gemacht werden und in seiner Stunde, dann wenn der Mond in einem Luft-Zeichen steht und bei zunehmendem Mond.

Zum Anfertigen brauchst du ein Haus oder ein Zimmer, in dem niemand wohnt außer dir. Dieses Haus oder Zimmer sollst du räuchern, dies ist in dem Kapitel der Räucherwerke und Düfte besprochen worden. Besprenge es mit solchem Wasser, wie es in dem dazugehörigen Kapitel beschrieben steht[146]. Sieh auch zu, dass das Wetter schön ist, die Luft klar und dass du genügend Jungfernpergament hast[147].

---

[145] Vgl. Grimorium Verum, 3. Buch, von dem Pentakel und wie man es anwendet.

[146] Siehe: Der Schlüssel der Weisheit, 2. Buch, 18. und 10. Kapitel.

[147] Siehe: Grimorium Verum, 3. Buch, vom Jungfern-Pergament.

Sind diese Gegebenheiten erfüllt, beginne dein Pentakel in der oben erwähnten Stunde in einer sehr schönen Farbe zu schreiben, die in der Art beschworen worden ist, wie es in dem Kapitel über die Feder und die Tinte beschrieben steht[148]. Und beende das Schreiben mit der gleichen beschworen Feder noch in der gleichen Stunde, der Rest kann erledigt werden, wenn es passt.

Nimm dann ein feines Tuch aus Seide, so wie im dazugehörigen Kapitel gezeigte wurde[149], verwahre darin die Pentakel. Auch musst du einen irdenen Topf voller Farbe haben und Weihrauch der männlichen Art, vermischt mit Aloe Holz, geweiht gemäß dem Kapitel über das Räucherwerk[150]. Auch musst du rein sein, wie es im Kapitel gesagt wurde[151]. Außerdem musst du ein Messer in Gänseblut bereitet haben, welches am Tag des Merkurs gemacht wurde, bei zunehmendem Mond, worüber bereits drei Messen mit dem Evangelium gelesen wurden und das mit den genannten Duftstoffen geräuchert wurde. Mit diesem Messer musst du Ysop schneiden, wie es im Kapitel des Ysops und des Wassers beschrieben steht[152]. Ist dies alles bereitet, ziehe einen Kreis mit dem Messer vor dem irdenen Topf, und über diesen Topf halte das Pentakel und räuchere es und sprich andächtig diesen folgenden Psalm:

Domine Deus meus in te speravi (Ps 7[153]), caeli enarrant (Ps 19), Dominus illuminatio mea (Ps 27), Deus Deus meus

---

[148] Siehe: Der Schlüssel der Weisheit, 2. Buch, 13. Kapitel.

[149] Siehe: Der Schlüssel der Weisheit, 2. Buch, 19. Kapitel.

[150] Siehe: Grimorium Verum, 3. Buch, vom Räucherwerk und: Der Schlüssel der Weisheit, 2. Buch, 18. Kapitel.

[151] Siehe: Der Schlüssel der Weisheit, 2. Buch, 5. Kapitel.

[152] Siehe: Der Schlüssel der Weisheit, 2. Buch, 10. Kapitel.

[153] Die Nummern der Psalmen richten sich nach der Vulgata, da die Angaben hier in Latein erfolgen.

respice in me (Ps 22), Beati Quorum remissæ sunt iniquitates (Ps 32), Miserere mei Deus (Ps 51), Afferte Domino (Ps 29), Deus iudicium tuum (Ps 72), Ecce nunc benedicite Domini (Ps 134), Deus in nomine tuo (Ps 53).

Ist dies gesprochen, sprich folgendes Gebet:

Oh, allerheiligster Adonay und Mächtigster, der das Alpha & Omega ist, du hast alles mit großer Weisheit erschaffen, du hast Abraham zu deinem ersten treuen Diener gewählt, du hast seine Nachkommen zahlreicher gemacht als die Sterne am Himmel, du hast dich auch dem Moses, deinem Knecht, in einer Flamme offenbart hast, inmitten eines Busches, und hast deinen heiligen Namen Elicasserephe ihm verraten, der die Menschen trockenen Fußes über das Meer gehen ließ, du hast Solomon, dem Sohn von König David, Weisheit und Wissen über alle anderen Menschen gegeben und hast ihn auserwählt, ihm die vorliegenden Pentakel zu zeigen. Ich bitte dich demütig, mögen sie durch deine Güte geweiht und bereitet sein, wie sie es sein sollen. Lass in ihnen die Kraft enthalten sein, die sie haben müssen, durch den heiligsten Adonay, dessen Reich währt bis ans Ende der Welt. Amen.

Sprich dieses drei Tage lang. Lass danach drei Messen über die Pentakel lesen, wovon zwei für den Heiligen Geist und die dritte für die heilige Jungfrau geweiht sind, lege die Pentakel dann in Seide, wie es zuvor gesagt wurde.

HIER FOLGT DER WEG, WIE ZU ARBEITEN IST, DAS WICHTIGSTE KAPITEL VON ALLEN. KAP. 5.

Bevor du mit deiner Arbeit beginnst, brauchst du ein Messer, hergestellt, wie zuvor gesagt[154], damit wird der Griff des Weihwasser-Sprengers geschnitten.

Danach musst du beachten, dass du einen passenden Tag und eine passende Stunde für deine Arbeit findest; auch für die Herstellung der Pentakel, so wie im Buch zuvor erwähnt[155]. Setze in die Mitte davon die Majestät Gottes mit seinen Engeln, so wie er am letzten Tag die Welt richtet. Schreibe über den Namen seiner Majestät seinen wunderbaren Namen und die Namen seiner Engel. Fertige die restlichen Pentakel an, wie im dazugehörigen Kapitel beschrieben.

Und wann immer du vorhast zu arbeiten, habe diese Pentakel bei dir. Auf diesem Kapitel beruht diese ganze Wissenschaft. Außerdem, wenn du das folgende Kapitel verstehst, bezüglich der Wirkung der Bilder, wirst du sowohl den Anfang als auch das Ende dieser Wissenschaft erkennst, wirst du deine Sache immer zu einem guten Ergebnis bringen.

---

[154] Siehe: Grimorium Verum, 3. Buch, das magische Messer und das Opfermesser und die folgenden Kapitel, sowie: der Schlüssel der Weisheit 2. Buch, 8. Kapitel.

[155] Siehe auch: Grimorium Verum, 3. Buch, von dem Pentakel und ganz zum Schluss des 2. Buches.

Vom Diebstahl.

HIER FOLGEN, WIE EXPERIMENTE FÜR GESTOHLEN DINGE DURCHGEFÜHRT WERDEN. KAP. 6.

Experimente, um einen Diebstahl aufzuklären, werden entweder durch die Beschwörung der Geister bereitet oder durch das Schreiben von Zeichen und Buchstaben oder auf andere Weise. In all diesen Experimenten ist es erforderlich, dass du den passenden Tag und die passende Stunde für ein solches Experimente auswählst, die im Kapitel von den Tagen und Stunden genannt wurden[156]. Sind Tag und Stunde bereit, führe das Experiment wie vorgegeben aus, doch sprich zuerst dieses folgende Gebet:

Alahac, Falie, Anbonas, Vntibolem, ladodoc, hel, Plamny, Barucaca, Adonay, Eloe, Emagro, Barach, Simamel, Mel, Cadathera, Huhuna, Matheam, Danyd, Vama, Boel, Hemon, Segen, Temas.

Oh, barmherziger Vater, Jesus, Gott, der den Himmel und die Erde erschaffen hat, der auch die vierundzwanzig Bestien erschaffen hat, die ständig rufen: »Heilig, heilig, heilig, bist Du, Herr Gott Zebaoth.«[157] Herr, Gott, du hast Adam ins Paradies gesetzt, um den Baum des Lebens zu bewahren, du, oh Herr, du bist der, der wundersame Dinge tut. Oh, Herr Gott, bei der heiligen Stadt Jerusalem und durch deinen wunder-

---

[156] Siehe: Schlüssel der Weisheit, 2. Buch, 1. Kapitel.

[157] Eigentlich entstammt der Ausruf aus Jes 6,2; dort rufen es aber die Seraphim; von einer Anzahl ist nicht die Rede: »Über ihm schwebten Seraphim mit sechs Flügeln. Jeder hatte sechs Flügel! Mit zwei Flügeln bedeckten sie ihre Gesichter, mit zweien ihre Füße und mit dem dritten Paar flogen sie. 3 Sie riefen einander zu: »Heilig, heilig, heilig ist der Herr, der Allmächtige! Die Erde ist von seiner Herrlichkeit erfüllt!«

baren Namen Tetragrammaton, der Euan, Joth, Vau ist, gib mir Macht, Tugend und Kraft, um dieses Experiment durchzuführen. Ich flehe dich an, allmächtiger Vater und Herr, der alle Dinge aus dem Nichts erschaffen hat, der den Menschen ihre Namen und den Steinen und Kräuter ihre Macht gegeben hat. Ich flehe dich an (oh, Heiliger Vater), um den Willen deines Sohnes, unseren Herrn Jesus Christus, welcher lebt und herrscht bis an das Ende der Welt, gewähre mir, die Kraft dieses Experiments zu erkennen. So sei es. Amen.

Räuchere dann den Ort mit dem Räucherwerk, wie es in dem Kapitel beschrieben wurde[158]. Besprenge ihn auch mit Wasser und wenn es notwendig ist, einen Kreis zu ziehen, mache einen solchen, wie bereits angesprochen wurde[159]. Wenn irgendwelche anderen Zeremonien für dieses Experiment erforderlich sind, tu es. Wenn alles beendet ist, sprich deine Beschwörungsformel, wie es dich die Kunst lehrt, und anschließen sprich:

Pater noster, Rerax, Terson, Syletin, ich beschwöre euch durch diesen heiligen Namen Joth, He, Vau, der mit zwölf Buchstaben geschrieben wird, so dass wir durch den gegenwärtigen Exorzismus die Wahrheit sehen können; Ja, Ja, Ja, Ya, Yah, so können wir diesen Geistern unseren Wunsch zeigen. Ich beschwöre euch, besagte Geister, durch alles, was bereits gesagt wurde und durch ihn, dem alle folgen, dass ihr uns sofort den Gegenstand zeigt, nachdem wir verlangen, oder denjenigen, der ihn uns wegnahm.

---

[158] Siehe: Schlüssel der Weisheit, 2. Buch, 18. Kapitel.

[159] Siehe: Schlüssel der Weisheit, 2. Buch, 9. und 10. Kapitel.

Bei der Durchführung dieses Experimentes ist es erforderlich, Zeichen und Buchstaben zu schreiben. Sie sollen so geschrieben werden, wie es im zweiten Buch beschrieben wird. Bedenke, dass egal was für das Experiment für den Diebstahl bereitet oder durchgeführt wird, außerdem immer noch andere Experimente erforderlich sind, wie wir oben bereits gesagt haben.

WIE EXPERIMENTE BEREITET SEIN MÜSSEN, UM UNSICHTBAR ZU WERDEN.[160] KAP. 7.

Wenn du ein Experiment bereiten musst, um unsichtbar zu werden, und wenn es bei diesem Experiment erforderlich ist zu schreiben, dann schreibe alles auf Jungfern-Pergament, mit Feder und Tinte, wie im Kapitel Feder und Tinte gesagt wurde. Wenn außerdem eine Beschwörung erforderlich ist, dann sprich vor deiner Beschwörungs-formel heimlich folgendes:

Stabbon, Asen, Gabellum, saneney, Noty, Enobal, laborerem, Balametem, Balnon, Tygumel, Millegaly, Iuneneis, Hearma, Hamorache, yesa, Saya, Senoy, Henen, Barucatha, Acararas, Taracub, Bucarat, Caramj, durch die Gnade, die du der Menschheit zuteilwerden lässt, hilf mir, um unsichtbar zu werden.

Sprich im Anschluss deine Beschwörung, und wenn du einen Kreis ziehen musst, bereite ihn so, wie es im Kapitel über den Kreis gesagt wurde. Wenn du irgendwelche Zeichen und Buchstaben schreiben musst, schreibe sie so, wie es im Kapitel über Kreise, Zeichen oder

---

[160] Siehe auch: Grimorium Verum, seltene und überraschende magische Geheimnisse: »Um sich unsichtbar zu machen«.

Buchstaben beschrieben wurde. Wenn du mit irgendwelchem Blut schreiben musst, verwende solches, wie es später besprochen wird.[161]

Wenn dies bereitet ist und du schlussendlich eine Beschwörungsformel verwenden musst, sprich wie folgt:

> Oh, Penerason, der Meister der Unsichtbarkeit, mit deinen Ministern: Themos, Marath, Moragrie, Bries, Cliomeclis, Ligemenes, Abden, Priubusit, Tenganden, Tebdyn, Berit, Ecbacrã, Chrysiamur, Olithel, ich beschwöre dich, Penerason, und deine Minister, durch ihn, der alle Dinge auf der Welt zittern und beben lässt, durch den Himmel und die Erde, durch Cherubim und Seraphim, durch ihn, der solche Wunder über die Jungfrau Maria hat kommen lassen, so dass dieses mein Experiment durchgeführt und ich unsichtbar werden kann, zu welcher Stunde oder Zeit ich auch immer will. Auch euch Minister beschwöre ich, durch Stubbaten, Nageharen, Asey, Elmugit, Gabellio, Semene, dass ihr kommt und meine Arbeit gelingen lasst.

Hast du dies getan, ist dein Ziel erreichen. Wenn du auf irgendeiner anderen Weise arbeitest, sieh zu, dass alle Dinge bereit sind, die erforderlich sind. Sprich bei deinem Experiment die zuvor genannte Beschwörungsformel. Aber sprich zuerst heimlich den Vers: Stalbon, Mecharum, Asen, und dergleichen, bis zum Ende.

---

[161] Siehe: der Schlüssel der Weisheit, 2. Buch, 14. Kapitel.

Erotische Experimente.

Wie und mit welchen Mitteln man Liebeserfahrungen macht, sowohl um die zu bekommen, die man begehrt, als auch um sie im Schlaf zu berühren oder mit ihr zu reden. Kap. 8.

Wenn du irgendeins dieser Experimente durchführen willst, ist es erforderlich, den Tag und die Stunde zu berücksichtigen. Und wenn dein Experimentes Wachs oder ähnlichem durchgeführt wird, muss das Abbild aus solchem Wachs gemacht werden, wie später beschrieben.[162] Und wenn dein Wachs bereitet ist, sprich folgendes:

> Venus, Ester, Astropolyn, Asmo, Mercurius, Jupiter, Saturnus, Señe, Sus, Vne, Nensa, Recle, Sether, Teres, Terse, Beret, Teser, Crest, Erces, Nilobolas, Atrop, Atoro, Lino, Poruta, Lepotarmon, Sompolocar, Peralotorjes, Noto, Solpiar, Raytroploson, Yoson, Omas, Samo, Moas, Saom, Mosa, Maso, Yrsicas, Draco, Draontius, Ara, Arel, Atrax, Belcar, Aray, Muenec, Iemar, Camna, Beri, Enna, Agama, Rima, Beberuna, Sinra, Saem, Myny, Genycal, Okalioth, Dicurcals, Cogaoth, Thajr, Tempter, Thon, Dreamer.

> Ich beschwöre euch, alle Diener der Liebe, durch ihn, der euch zerstört und euch wiederherstellt, und durch alle seine Namen seid ihr täglich gebunden, segnet dieses Wachs, wie es sein sollte. Und im Namen des heiligsten Vaters, mächtiger Adonay, dessen Königreich für immer und ewig bis ans Ende der Welt besteht, gebet diesem Wachs die Wirkung, die ich wünsche, und durch den heiligen Glauben Adonays und

---

[162] Siehe: der Schlüssel der Weisheit, 2. Buch, 16. Kapitel.

durch seine Furcht, die euch ermahnen soll, meinen Willen zu erfüllen.

Wenn dies getan ist, mache dein Abbild aus Wachs, wie es gemacht werden soll. Wenn es fertig ist, musst du noch ein paar Sachen auf das Abbild schreiben. Schreibe es mit einer Nadel oder einer Feder, so wie es an den jeweiligen Stellen beschrieben wurde[163]. Wenn es außerdem erforderlich ist, dass du dein Abbild räucherst, dann mit einem solchen Räucherwerk, wie es in dem besagten Kapiteln beschrieben wurde[164]; wenn es noch weitere Dinge oder einer Beschwörung bedarf, dann führe die Beschwörung gemäß dem Experiment durch. Wie bereits gesagt, stelle den Duft wie beschrieben her und halten dein Abbild über den Duft und sprich folgendes:

> Oh, du orientalischer[165] König Eggye, der du regierest und herrschest im Osten, und du Paymon, der mächtigste König, der die Herrschaft über den Westen hat, und du große König Amaymon, der im Süden regiert; und du, triumphierender König Egyn, der Herrscher über den Norden; ich rufe euch von Herzen an, durch den, der nur sprach und es geschah, der mit seinem Wort alle Dinge schuf; und durch seine heiligen Namen, durch den die ganze Welt erzittert, und der mit zwölf Buchstaben geschrieben wird, die Joth, Eth, He, Vau lauten; und durch die neun Himmel und ihren Mächten, und durch die Namen und Zeichen unseres Schöpfers, dass du das vorliegende Bildnis segnest und bestärkst, wie es sein sollte,

---

[163] Siehe: Grimorium Verum, 3. Buch, vom Federkiel und folgende Kapitel. Für die Nadel: der Schlüssel der Weisheit, 2. Buch, 17. Kapitel.

[164] Siehe: Grimorium Verum, 3. Buch, vom Räucherwerk und folgende Kapitel.

[165] König des Ostens, laut Grimorium Honorius ist Magoa der König des Ostens, Egym, ist der »großer König des Südens«.

durch den Willen des heiligen Namens Adonay, dessen Königreich kein Ende hat.

Ist dies getan, kannst du die Beschwörungsformel deines Experiments wiederholen. Und wenn du dein Ziel erreicht hast, ist es gut; aber wenn nicht, lege dein Abbild unter das Kopfteil deines Bettes. Und in Kürze siehst du sie kommen – die, nach der es dir verlangt, um deinen Wunsch zu erfüllen.

HIER FOLGT EINE ANDERE MÖGLICHKEIT, WIE MAN ERREICHT, DASS SIE VON DIR TRÄUMT. KAP. 9.

Dieses Experiment ist unbeschreiblich und scheint fast wie ein Wunder; dazu sollst du in deinem Zimmer in die Luft blicken, bevor du deine Beschwörungsformel beginnst, und sprich mit demütigem Herzen wie folgt:

Agla, Joth, Eth, Er, Vau, Ja, Ja, Ja, Va, Va, Va, Ya, Ya, Ly, Elyce, Ysi, Agay, Neon, Joagat. Oh, Herr, Heiliger Vater, der alle Dinge erschaffen hat, du kennst die Herzen aller Menschen, ich flehe dich an, durch deine heiligsten oben erwähnten Namen, mögest du das Herz und die Sinne von N. erleuchtest, damit sie mich liebt, wie ich sie und dass sie immer bereit sein wird, meinem Willen und Vergnügen nachzukommen. Und gib mir außerdem Kraft und Macht für dieses Experiment, dass durch dich (oh, Vater) und durch jene Geister und die Kraft dieser Wörter, alle Dinge zu einem guten Ende gebracht werden können.

Später, wenn du dies mit allen Dingen getan hast, die erforderlich sind, so wie es in den dazugehörigen Kapiteln steht, wird es eine gute Wirkung zeigen.

EXPERIMENTE FÜR GUNST UND FREUNDSCHAFT. KAP. 10.

Wenn du bei diesem Experiment irgendetwas schreiben muss, solltest du mit einer solchen Feder schreiben, wie wir sie im Kapitel für Feder und Tinte beschrieben haben. Räuchere sie anschließend mit einem solchen Räucherwerk, wie wir es nachher noch sagen werden[166], und bespreng sie mit solchem Wasser, wie es in jenem Kapitel gesagt wird[167]. Wenn es außerdem erforderlich ist, irgendwelche Zeichen, Buchstaben oder Zahlen zu schreiben oder irgendwelche andere Namen, dann so, wie es später erklärt wird, wie Buchstaben geschrieben werden sollen. Lege die Schrift in ein Tuch aus Seide, ein solches, wie es nachher beschrieben wird[168], und dann sprich wie folgt:

> Oh, heiligster Adonay, der allmächtig und gütigst ist, du bist Alpha & Omega, ich flehe dich bei deinem unendlichen Erbarmen und Mitleid an, wovon du reich bist; der spricht, und es wird einem gegeben, deshalb bitte ich dich durch deine allmächtige Kraft, dass dieses Experiment geweiht wird, gib durch deine heilige Tugend die Macht, die ich wünsche.

Ist dies getan, lege es eine Nacht und einen Tag zum Altartuch. Später, wenn du die Gunst eines Mannes haben willst, nimm diese Schrift in deine Hand, und er wird dir nichts abschlagen. Welche Schrift du auch immer schreiben musst, welche Beschwörungsformel du auch aufsagst, um seine Gunst zu erlangen, sprich oder schreibe am Ende folgenden Vers:

---

[166] Siehe: der Schlüssel der Weisheit, 2. Buch, 18. Kapitel, aber auch: Grimorium Verum, 3. Buch, vom Räucherwerk und folgende.

[167] Siehe: der Schlüssel der Weisheit, 2. Buch, 10 Kapitel und Grimorium Verum, 3. Buch, von der Besprechung des Wassers.

[168] Siehe: der Schlüssel der Weisheit, 2. Buch, 19. Kapitel.

Sater, Arepo, Tenet, Rotas, Joth, Eth, He, Vau, Yach, Ya, Ja, Ja, Ja, Anereneton; deine heiligen Namen erfüllen meinen Wunsch – Gasper, Balthasar, Melchior, Abrahã, Isaac, Jacob, Mysach, Abdenago, Markus, Matheus, Lukas, Juke, Geon, Fyson, Tigris, Euphrates; seid alle präsent, mir zu helfen, dass ich Gunst und Gnade erhalten kann; in euren Händen liegt es, so bitte ich durch unseren Herrn Jesus Christus, welcher lebt und herrscht mit dem Vater und dem Heiligen Geist bis ans Ende der Welt. Amen.

WIE MAN EXPERIMENTE FÜR DEN HASS BEREITET, SOMIT JEDER ZUM TODFEIND WIRD. KAP. 11.

Experimente für den Hass werden auf verschiedene Weisen gemacht. Wenn du mit einem Abbild oder ähnlichem arbeiten willst, mache dein Abbild und Räucherwerk es mit einem Duft wie beschrieben. Und wenn irgendetwas auf das Abbild geschrieben werden muss, schreibe es mit einer Nadel, wie es nachher im Kapitel über die Nadel gesagt wird[169], sprich danach über das Abbild:

Arator, lapidator, temptator, sommator, subuersor, agnator, siccator, sudator, Combustor, Pungitor, Ductor, Comestor, Deuorator, Seductor, ich flehe euch an, ihr Diener des Hasses und Zerstörer der Freundschaften, ich flehe euch an, ich sage, dass dieses gegenwärtige Abbild sei so geweiht, dass es Hass zwischen denen erzeugen kann, so wie ich es will.

---

[169] Für das Abbild siehe: der Schlüssel der Weisheit, 2. Buch, 20. Kapitel. Für das Räucherwerk siehe: der Schlüssel der Weisheit, 2. Buch, 18. Kapitel und Grimorium Verum, 3. Buch, vom Räucherwerk, für die Nadel und die Vorbereitung der Instrumente: Grimorium 3. Buch, verschieden Kapitel.

Ist dies getan, lege das Abbild die ganze Nacht über in ein Weihrauchfass und arbeite dann damit in der richtigen Stunde, die zu diesem Zweck passt. Wenn du noch an weiteren Dingen arbeiten muss, wie z. B. an Schriften oder an anderen Mitteln, dann sage oder schreibe zum Schluss hiervon schließlich diese oben erwähnten Namen, Arator, lapidator, temptator usw. auf. Auch wenn du Zerwürfnis zwischen zwei, die sich liebe, streuen willst, dann sprich die Namen vor ihnen, und die Sache ist erledigt.

> Wo ist dieser Sämann der Zwietracht mit den anderen oben geschriebenen Namen? Ich beschwöre dich, durch ihn, der dich erschaffen hat und durch ihn, der dich in dieses Amt erhoben hat, an dem auch du dich erfreust; ich flehe dich an und wünsche mir von dir, dass alles bereit sei, dass die, die das essen oder berühren, in völliger Unstimmigkeit geraten.

Gib es ihnen danach in der bestimmten Stunde. Danach, wenn du an anderen Dingen arbeitest, schreibe die zuvor genannten Namen, Arator, lapidator, temptator usw. auf und es wird geschehen.

Ein Experiment, mit dem man eine Sache scheinbar wahr sein lassen kann, die aber in Wirklichkeit falsch ist, wodurch viele Menschen beim Spielen oder beim Zeigen anderer Dinge getäuscht werden. Kap. 12.

Hast du ein solches Experiment ausgewählt, musst du in der späteren beschriebenen Art auf Papier schreiben. Auch sollst du mit Blut schreiben, wie es an der Stelle, mit welchem Blut und mit welchem Stift zu schreiben ist, erklärt wird[170]. Wenn es verlangt ist, dass du bei der Arbeit Buchstaben oder Namen schreiben sollst, dann arbeite so,

---

[170] Siehe auch: der Schlüssel der Weisheit, 2. Buch 13. Kapitel.

wie es in den Kapiteln gesagt wird. Ist dies getan, sprich mit leiser Stimme wie folgt:

> Abac, Abdac, Istac, Castac, Adach, Castas, Calsac, Lusor, Triumphator, Derisor, Incantator – seid bei meiner Arbeit hier anwesend und segnet sie so, wie ich es wünsche, und lasst es so erscheinen, dass sie es so sehen, als seien sie ihres Augenlichts beraubt, und dass sie falsche Dinge anstelle der wahren. Kommt deshalb her, es zu weihen und zu verzaubern, durch Jesus von Nazareth, der euch zu diesem Amt berufen hat.

Ist dies getan, kannst du weiterarbeiten. Die vorher erwähnten Namen Aabac, Aldac, usw. sollen am Ende deiner Arbeit geschrieben werden, und wenn du in irgendeiner anderen Art arbeitest, achte immer darauf, diese Wörter zum Schluss zu sagen.

Hier folgt ein Weg, jedes außergewöhnliche Experiment zu bewerkstelligen. Kap. 13.

Wenn du irgendetwas bewerkstelligen willst, schreibe dein Experiment auf Papier mit einer Feder, wie es beschrieben steht. Wenn es gut werden soll, egal in welcher Art es ausgeführt wird, sprich dieses folgende Gebet im Anschluss. Und wenn du irgendetwas schreiben musst, schreibe es dann im Anschluss davon.

> Oh, Gott, der du alles erschaffen hast durch deinen heiligen Namen, der in zweiundsiebzig Buchstaben geschrieben wird, und jeder Buchstabe weist auf einen deiner heiligen Namen hin, die hier geschrieben stehen: Lascos, h, h, h, Ihe, Ripan, Iba, Abgis, Lus, Baff, Plas, hapa, Iob, Ioazacam, Orezeym, Cororator – ich bete dich an, dass dieses gegenwärtige Expe-

riment nach meinem Wunsch vollständig bewerkstelligt werden kann.

Lass außerdem dieses Evangelium darüber folgen – entweder in geschriebener oder in gesprochener Form[171]:

Damals wurde Jesus vom Geist in die Wildnis geführt, um vom Teufel in Versuchung geführt zu werden; und nachdem er vierzig Tagen gefastet hatte, war er hungrig und der Teufel, der Versucher, kam zu ihm und sagte: »Wenn du der Sohn Gottes bist, befiehl, dass dieser Stein zu Brot wird.« Da antworte Jesus und sagte: »Der Mensch lebt nicht vom Brot allein, sondern von jedem Wort, welches vom Munde Gottes geschrieben steht.« Dann führte der Teufel ihn in die Heilige Stadt und setzte ihn auf die Spitze des Tempels und sagte zu ihm: »Wenn du der Sohn Gottes bist, spring mit dem Kopf voran nieder, denn es heißt in der Schrift: Seinen Engeln befiehlt er, dich zu behüten; und: Sie werden dich auf ihren Händen tragen, damit dein Fuß nicht an einen Stein stößt.«

Da antwortete ihm Jesus: »Die Schrift sagt: Du sollst den Herrn, deinen Gott, nicht auf die Probe stellen.«

Wieder nahm der Teufel ihn zu einem sehr hohen Berg und zeigte ihm alle Königreiche der Welt und ihre Pracht und sagte: »All die Macht und Herrlichkeit dieser Reiche will ich dir geben, denn sie sind mir überlassen und ich gebe sie, wem ich will. Wenn du dich vor mir niederwirfst und mich anbetest, wird alles dir gehören.«

---

[171] Diese vollständigste Erzählung der Versuchung Christi findet sich bei Lk 4.

Jesus antwortete ihm: »In der Schrift steht: Vor dem Herrn, deinem Gott sollst du dich niederwerfen und ihm allein dienen.« Dann ließ der Teufel von ihm ab, und die Engel kamen und dienten Jesu.

Dies sollte in der richtigen Stunde getan werden. Auch bei anderen Experimenten, die eher böse als gut sind, schreibe oder sprich diesen folgenden Vers:

Nasue, Nouda, San, Cysa, Haspasan, Canica, Coures, Busil, Nifron, Cyrabnos, Nostracal, yurtaryn, Arbon, Arfusa; ihr Mächte allen Übels, kommt und helft mir, dass durch euch meine Arbeit geweiht wird und dass die Arbeit diese Kraft bekommt, die sie haben soll durch den heiligen Adonay, durch dessen Furcht ihr gezwungen seid, uns zu gehorchen.

Räuchert und besprenge danach die Schriften oder den Vers. Achtet schließlich darauf, ob diejenigen, die du rufst, dich täuschen, was zu vermeiden wäre, halte dich an das, was das Buch vorschriebt.

EXPLICIT.

So endet das erste Buch vom Schlüssel der Weisheit von Solomon.

Der Schlüssel der Weisheit

Buch II

von

König Solomon

HIER FOLGT, ZU WELCHER STUNDE DIE EXPERIMENTE DURCHGEFÜHRT WERDEN MÜSSEN. KAP. 1.

Wenn du alles Anfertigungen bereitet hast, um mit den Geistern zu sprechen, musst du in der ersten Stunde des Merkurs arbeiten und zwar am Morgen seines Tages. Und so bereitest du alle Anfertigungen. Achte darauf, dass die Zeit angenehme und die Luft klar und rein ist, wenn du arbeitest.

Die schönen und hübschen Geister sind im Norden.   1.

Die feurigen Geister verbleiben im Osten.   2.

Die aus dem Wasser geschaffen wurden, sind im Westen.   3.

Die mit dem Wind kommen, sind im Süden.   4.

Beachte auch: wenn du einmal ein Experiment durchgeführt hast und willst dasselbe wieder durchführen, dann brauchst du weder die Stunde noch die Feierlichkeiten einhalten.

HIER FOLGT, WIE DER ZAUBERER SICH VERHALTEN SOLL. KAP. 2.

Lass ihn zunächst alles vollständig auf Papier schreiben. Dann lass ihn alles markieren, was für den Zweck erforderlich ist, lass ihn einen Ort wählen, der für diesen Zweck geeignet ist, und lass ihn ein Bad bereiten, so wie es in dem Kapitel der Bäder beschrieben steht[172], und lass ihn danach dieses Gebet sprechen:

> Oh, Herr Jesus Christus, du hast mich elendesten Sünder nach deinem Bilde erschaffen; ich flehe dich an, segne und heilige das Wasser, so dass es gereinigt wird, für die Gesundheit meines Körpers und meiner Seele. Oh, allmächtiger und unaussprechlicher Vater, der du Johannes den Täufer gewährt hast, deinen einzigen Sohn Jesus Christus zu taufen. Gewähre mir, so bitte ich die, dass dieses Wasser zu dem meiner Taufe wird, so dass ich von all meinen Sünden gereinigt werde, die ich bekannt habe, durch unsere Herrn Jesus Christus, in Ewigkeit, Amen.

Wenn dies geschehen ist, soll er seinen ganzen Körper waschen und weiße Wäsche anziehen und für mindestens drei Tage auf jede Schmutzigkeit und unanständige Reden verzichten und jeden Tag das folgende sagen, nämlich einmal am Morgen um die dritten Stunde und erneut um die neunte Stunde und wieder am Abend um die vierte

---

[172] Siehe: der Schlüssel der Weisheit, 2. Buch, 5. Kapitel.

Stunde und auch wenn er zu Bett geht, und so tut er es über den Zeitraum von drei Tagen:

> Abra, Asac, Asach, Radrimilas, filac, Anebenas, Bira, Bontes, Acazal, Zaphite, Phanti, harucacha, Adonay, Emagro, Abraxio, Achedit, Barachi, Melycanat, Amystra, hugyma, Machiavelli, Daniel, Dama, Prachil, heil, Hemon, Segem, Gemas, Jesus, Gott, lass mich mein Vorhaben durchstehe durch dich, heiliger Adonay, durch unseren Herrn Jesus Christus, der lebt und regiert bis ans Ende der Welt. Amen.

Mache dies zusammen drei Tage lang, wenn es möglich ist bei sehr klarer Luft und an einem Tag, an dem du sicher arbeiten kannst.

Wie seine Begleiter sich verhalten müssen. Kap. 3.

Bei Experimenten, bei denen ein Kreis gezeichnet werden muss, ist es erforderlich, dass der Zauberkünstler Begleiter hat, die er in allen Dingen unterrichten muss. Wenn sie ausreichend unterrichtet worden sind, lass den Meister und die Begleiter zusammen in das Zimmer gehen, und lass seine Begleiter ihre Gewänder ausziehen, und lass den Meister ihnen Wasser auf die Köpfe gießen und dabei sprechen:

> Seid erneuert und getauft und von all euren Sünden gereinigt, im Namen des Vaters † und des Sohnes † und des Heiligen † Geistes, Amen – und die Macht des Höchsten komme auf euch herab.

Ist dies geschehen, lass sie wieder ihre Kleidung anziehen; all dies muss drei Tage bevor die Arbeit beginnt getan werden. Danach muss ein neues Bad bereitet werden, und lass sie über einen Zeitraum von drei Tagen das genannte Gebet sprechen, und lass sie den Meister in allen Dingen folgen.

Vom Fasten und Wachen. Kap. 4.

Bist du bereit zu arbeiten, ist es erforderlich, dass du dich von allen unrechten Dingen fernhältst, wie vom Fluchen, von Gefräßigkeit und von allen anderen bösen Taten. Dies ist über einen Zeitraum von neun Tagen vor deiner Arbeit erforderlich. Und sprich über diesen Zeitraum dieses folgende Gebet:

> Oh, Herr, allmächtiger Gott, sei mir gnädig, der ich nicht würdig bin, meine Augen zu dir zu erheben; meine Sünden sind so groß, aber du, oh Gott, bist barmherzig – mit einem Wort führst du die Diebe mit dir ins Paradies. Erbarme dich, oh Herr, und vergib mir all meine Sünden. Gewähre mir, sanftmütigster Vater, dass mein Wunsch erfüllt wird, durch den heiligen Triumphator, der du gesegnet bist, bis ans Ende der Welt. Amen.

In den drei Tagen bevor du dein Werk beginnst, sprichst du und deine Begleiter täglich das Bekenntnis, das am Anfang des ersten Buches, im zweiten Kapitel, steht.

Vom Bad und wie es bereitet werden muss. Kap. 5.

Du musst zu einem Brunnen oder Fluss gehen, und bevor du hinein steigst, sprich diese folgenden Psalmen: Dominus illuminatio mea (Ps 27); Dixit insipiens in corde suo (Ps 53 oder Ps 14); Dixi custodiam (Ps 39); Salvum me fac (Ps 12); Cantemus Domino, Domino quoniam Confitemini (Ps 105); Bonis (Ps 106); Quicunque vult salvus esse (Ps 136).

Ist dies gesagt, steig hinein und sprich:

Ich beschwöre dich, Wasser, durch ihn, der dich an deinen Platz gesetzt hat, dass du aus mir alle Unreinheit austreibst, durch unsern Herrn Jesus Christus.

Danach soll er sich waschen und sprechen:

Marbalia, Gegeon, falia, Jesse, Pharia, Gech, Acích, Gedich, Jail, Dayl, Musayl, Ioyl, Tranchil, Pusil, Godif, Agnet, Trisif, Zebaoth, Adonay, Agla, Enel, Tetragrammaton, Cedrõ, Agne, fero, Stimulaton, Prenanaton.

Und wenn er gewaschen ist, lass ihn aus dem Wasser steigen und besprenge ihn mit Wasser, wie es im Folgenden gesagt wird, nämlich:

Asperges me Domine. usw.

Ziehe danach deine Sachen an und beim Anziehen sprich den siebenten Psalm und das was folgt:

Cum inuocarem exaudiuit (Ps 4). Confitebor tibi Domine quoniam dilexi (Ps 138?), In exitu Israel de Ægipto (Ps 114), Domine probasti me (Ps 139).

Und das nachfolgende Gebet:

Oh, allerheiligster Adonay, und mächtigster Hel, ich verlange nach dir durch den mächtigsten und stärksten Namen unseres Herrn, El, ich verehre dich, ich preise dich, und ich segne dich. Ich rufe dich an, dass dieses Bad mir Heil bringt und dass ich meinen Wunsch von dir erfüllt bekomme, oh, allerheiligster Adonay, der lebt und herrscht bis in alle Ewigkeit. Amen.

VOM SEGNEN DES SALZES. KAP. 6.

Nimm anschließend Salz und segne es nach dieser Art:

> Ich segne dich im Namen des Vaters † und des Sohnes † und des Heiligen † Geistes, Amen. Der Segen Gottes, des allmächtigen Vaters, komme auf dich, und alles Gute fährt in dich, darum segnen und weihe ich dich, dass du mir gegenwärtig hilfst.

Und ist dies getan, sprich: Benedicite omnia opera Domini Domino[173].

Nimm danach süßen, geweihten Duft und wirf ihn in das Bad und halte ihn in deiner Hand, und nimm erneut ein Bad, und wasche dich, und sprich in der Badewanne:

> Amane, Memeto, Inzaron, Doltibon, Amagnõ, lameton, Caron, Sutron, Gardon, Non, Mameraon, Tameratõ, fabron, Sanõ, Nazmon, Stilon, funeon,

Ist dies gesagt, sprich den folgenden Psalm: Benedicite omnia opera Domini[174], wasch dich und sprich: Im Namen des Vaters † und des Sohnes † und des Heiligen † Geistes, Amen.

Ist dies getan, steig aus der Wanne und ziehe saubere, weiße Wäsche an, solche Kleidung, wie im folgenden Kapitel besprochen, und lass deine Begleiter dies ebenfalls in gleicher Art tun.

---

[173] Ein Kirchenlied, bezieht sich auf Dan 3, 57 ff.

[174] Die Textstelle, wenn nicht als Kirchenlied gemeint, findet sich höchstens bei Ps. 103,22.

HIER FOLGT DAS KAPITEL ÜBER KLEIDUNG UND SCHUHE. KAP. 7.

Es ist notwendig, dass der Zauberer weiße Wäsche trägt, worauf die Pentakel genäht werden müssen und zwar mit einer solchen Nadel, wie es später im dazugehörigen Kapitel beschrieben steht.[175] Außerdem muss auf den Hosen auch diese folgende Figur gezeichnet werden:

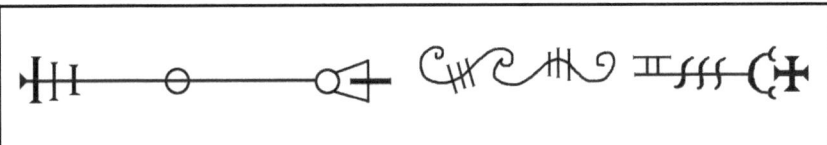

Auch müssen sie Schuhe tragen, auf denen die gleichen Figuren geschrieben werden müssen, mit einer solchen Feder und solcher Tinte, wie es in den entsprechenden Kapiteln beschrieben steht[176]. Ihre Schuhe müssen aus weißem Leder sein. Ferner habe der Meister einen Kranz aus Jungfern-Pergament auf dem Kopf, auf dem in Großbuchstaben diese vier Namen geschrieben werden: AGAA; AGAY; AGLATHA; AGLAOTH, mit Tinte und Feder, wie es im jeweiligen Kapiteln erklärt wird. Auch jeder seiner Begleiter muss eine Krone oder Kranz tragen; um den Umfang müssen folgende Figuren geschrieben werden:

---

175 Siehe: der Schlüssel der Weisheit, 2. Buch, 17. Kapitel.

176 Siehe: der Schlüssel der Weisheit, 2. Buch, 13. Kapitel.

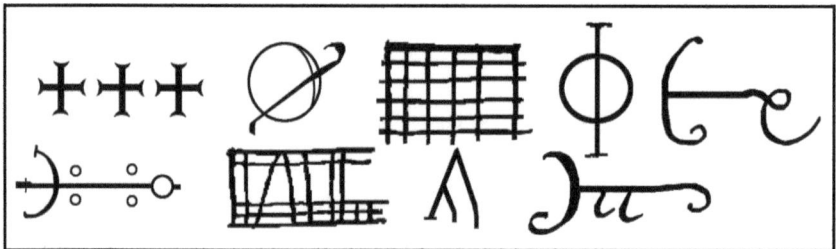

Und bevor sie die Kleidung anziehen, sollen sie folgende Psalmen sprechen:

> Domine Deus noster, Domine quis habitabit[177]; Domine Ex-
> audi orationem meam (Ps 102); Cum tribularer, Domine, non
> est exaltatum cor meum (Ps. 120); supra flumina (Ps. 137);
> Nisi Dominus (Ps. 127); Laudate Dominum omnes gentes
> (Ps. 117); Deus miseriatur nostri (Ps 67).

Ist dies gesagt, soll er alle seine Kleider räuchern und mit Weihwasser besprengen. Dann lass den Meister seine Kleidung anlegen und sprechen:

> Antor, Anator, et Anabis, Theodomas, Ianitor, bei dem Ver-
> dienst der heiligen Engel, ich kleide mich mit dem Gewand
> des Heils, damit ich meinen Wunsch verwirklichen kann,
> durch dich, oh heiligster Adonay, dessen Reich ewig wehrt.

Die Schuhe und Kleider müssen aus Leinen sein, und wenn du solche wie ein Priester bekommen könntest, wäre es am besten.

---

[177] Kirchenlied.

Vom Messer, welches bei dieser Kunst gebraucht wird, und wie es gemacht werden muss.[178] Kap. 8.

In dieser Kunst ist ein Messer erforderlich; deshalb stelle eins her, mit einem Griff aus Eisen, welches rein ist, und lass es in Gänseblut am Tag des Merkurs bei zunehmendem Mond härten. Nachdem es fertig ist, lass zehn Messen darüber lesen und schreibe darauf mit der erwähnten Nadel[179] diese folgenden Zeichen:

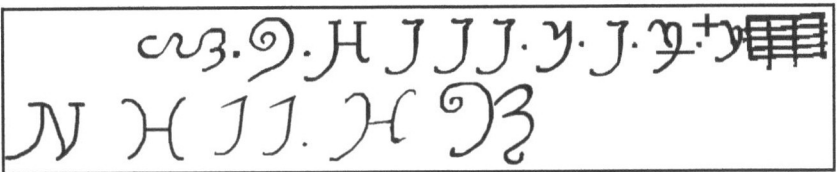

Dann räuchere es, wie es im Folgenden beschrieben wird.[180] Und beachte, dass der Kreis mit einem solchen Messer gemacht wird. Lege es noch an diesem Tag in ein seidenes Tuch, bis du damit arbeiten willst, und schneide nichts mit diesem Messer, sondern benutze es nur für diese Kunst.

Alle anderen eisernen Instrumente, welche es auch immer sein mögen, werden am Tage und in der Stunde des Merkurs hergestellt; und schreiben folgende Zeichen auf sie:

---

[178] Siehe auch: Grimorium Verum, 3. Buch: das magische Messer und folgende Kapitel.

[179] Siehe auch: der Schlüssel der Weisheit, 2. Buch, 17. Kapitel.

[180] Siehe auch: 18. Kapitel und Grimorium Verum, 3. Buch: vom Segnen und Räuchern.

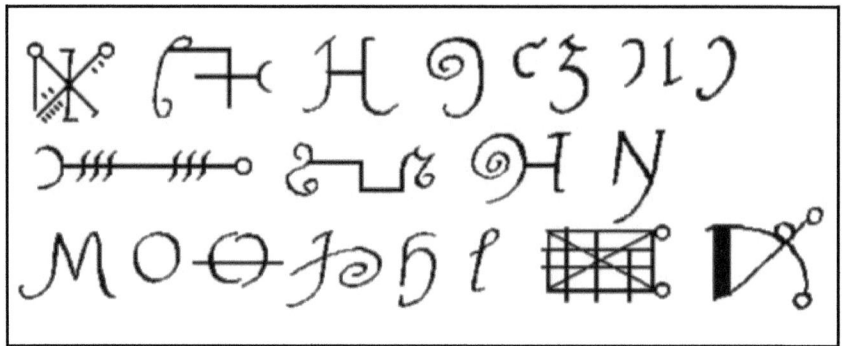

DIE FORM UND GESTALT DES MESSERS, MIT WORTEN UND ZEICHEN:

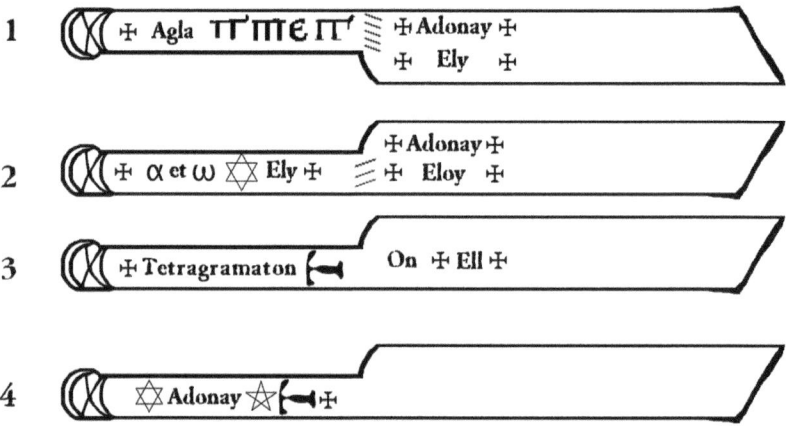

1: Dies ist die rechte Seite des Messers

2: Dies ist die linke Seite des Messers

3: Dies ist die Rückseite des Messers

4: Dies ist die scharfe Seite des Messers

Sieh auch zu, dass die Schwerter, mit denen du arbeitest, sauber sind, und schreibe auf sie folgendes:

lamec, Theah, Aniles, Theophilos, Def, Beth ladomay, El, Ja, Jah, Emanuel, Saday, Emnanal, sum qui sum, Agla, Alpha & Omega.

Schreibe dies mit besagter Tinte und räuchere sie mit duftendem Räucherwerk und sprich diese Beschwörung:

Ich beschwöre euch bei dem Namen Abraham, Abraho, Tetragrammaton, das heißt, Aglane, dass ihr mich nicht bei meinem Werk verletzt. Ich beschwöre euch beim reinen Stimulaton und bei diesen unaussprechlichen Namen des allmächtigen Gottes, die da lauten: Egyrion, Osystron, Enona, Aula, durch Asyn und durch Manalo, Emanuel, Zebaoth, Adonay, primus, nouissimus, vnigenitus, Via, Vita, Manus, hono, primogenitus, finis, Sapientia, virtus, a. Caput, verbum, Gloria, Splendor, Lux, Sol, Imago, Mors, Janua, Petra, Lapis, Angulus, Sponsus, pastor, propheta, Sacerdos, Athanatos, Ysyon, Pantacraton, Jesus, Halleluja; durch diese Namen und alle anderen Namen beschwöre ich euch, dass ihr keine Macht habt, mich zu verletzen.

Ist dies getan, lass ihn fortfahren, wie zuvor gesagt.

Außerdem muss ein weiteres Messer bereitet werden, an dem Tag und in der Stunde des Merkurs, das mit dem Saft des Acker-Gauchheils und dem Blut einer Gans gehärtet wird, worüber drei Messen gelesen wurden. Außerdem musst du es räuchern und mit Wasser besprengen, wie es gesagt wurde. Mit dem Messer wird alles Notwendige geschnitten. Beachte auch, dass jegliches Ding vor der Weihung jungfräulich ist, das heißt, dass sie nie für Tätigkeiten oder Arbeiten verwendet wurden.

HIER FOLGT, WIE KREISE GEMACHT WERDEN MÜSSEN UND WIE DU IN SIE TRITTST. KAP. 9.

Deine Kreise müssen mit dem oben genannten Messer gezogen werden; wenn du arbeitest, steche das Messer in die Mitte des Platzes und miss einen Kreis ab, der neun Fuß zu beiden Seiten des Messers misst, aber denke daran, Platz zu lassen, durch den du hinein und hinaus gehen kannst. Zeichne einen weiteren einen Fuß hinter dem Kreis (drumherum); zwischen den beiden größeren Kreisen zeichne die Pentakel mit den Namen unseres Schöpfers, wie sie auf den nächsten Seiten gezeigt werden. Auf dem Umfang des größeren Kreises zeichne Kreuze. Auch einen Fuß hinter diesem letzteren Kreis, ziehe ein Viereck; in der Spitze jeder Ecke ziehe einen Kreis – einen, um den Topf mit Kohlen hineinzusetzen, und einen weiteren, um ein Schwert hineinzustechen, einen Fuß entfernt vom Topf. Ist alles getan, lässt der Meister seine Begleiter durch das Tor des Kreises hineintreten, und einer seiner Begleiter stellt sich in Richtung Osten, mit Tinte und Feder in der Hand und jeder der anderen mit einem bloßen Schwert. Achte darauf, dass sie sich hüten, nicht den Topf zu bewegen. Sind die Dinge so angeordnet, lass den Meister fortfahren, um das Feuer zu entzünden und Räucherwerk hineinzulegen und eine große Kerze zu entzünden, die exorziert ist, wie später beschrieben steht[181] und die in eine Laterne gesetzt wird. Und dann schlisse er das Tor des Kreises. Lass ihn danach sich selbst räuchern und seine Gefährten und den Platz mit Wasser besprengen. Ist alles geschehen, stelle der Meister sich in die Mitte des Kreises, das Messer steckt zu seinen Füßen, dann lass ihn seine Beschwörungen in Richtung Osten beginnen.

---

[181] Siehe: 12. Kapitel: das Kapitel vom Feuer und Licht.

HIER FOLGT, WIE EIN KREIS MIT DEN PENTAKELN GEMACHT WIRD:

DER KREIS DES MEISTERS

DIE RICHTIGE ART, DEN KREIS ZU MACHEN, FOLGT HIERAUS:

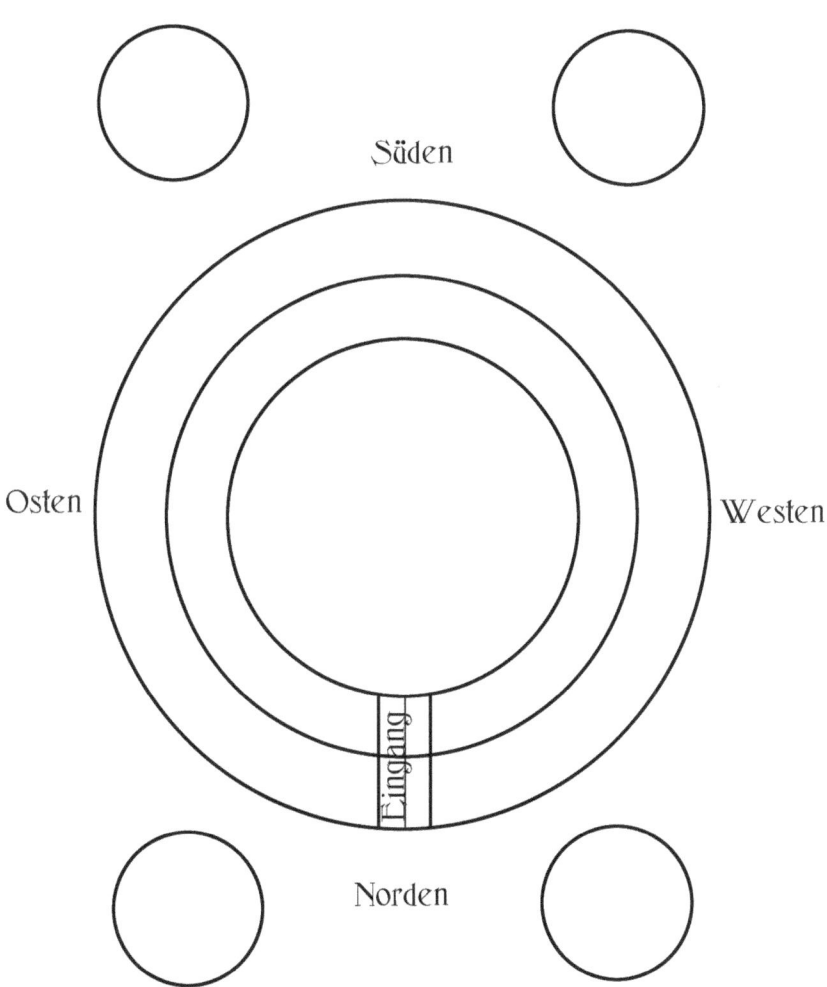

Hier folgt vom Wasser und Ysop.[182] Kap. 10.

Das Wasser, das so oft erwähnt wird, muss nach dieser Art exorziert werden: Nimm ein Räuchergefäß mit exorziertem Räucherwerk und Salz am Tage des Merkurs und in seiner Stunde; fülle den Topf mit klarem Wasser; segne zuerst das Salz und sprich:

> Zebaoth, Messias, Tetragrammaton, Emanuel, Cedron, fortis, Janua, Turris fortitudinis, gewährt mir, dieses Salz zu segnen.

Ist dies gesagt, wirf es ins Wasser und sprich darüber die sieben Psalmen[183] und das folgende Gebet:

> Du bist mein Gott und meine Stütze, du bist mein wahrer und rechter Weg. Hilf mir, Heiliger Vater, so wie ich dir vertraue. Oh, Gott, der du bist der Gott Abrahams, der Gott Isaaks und der Gott Jakobs; ich flehe dich an, oh, Herr, Allmächtiger, durch die Anrufungen und durch die Verdienste deiner Heiligen; gewähre, dass dieses Wasser gesegnet und geheiligt sei, damit es die Gesundheit von Körper und Seele von dem erhalte, auf wen es auch immer gesprengt wird. Amen.

Nun folgt der Ysop. Kap. 11.

Wenn das Wasser bereitet ist, mache einen Sprinkler aus Eisenkraut, Baldrian, Fenchel, Salbei, Majoran und Basilikum und binde alles an einen Haselnussstab. Und wisse, dass er am Tag des Merkurs, am Morgen, bei zunehmendem Mond geschnitten werden muss – mit einem einzigen Schnitt, mit dem oben beschriebenen Messer. Und

---

[182] Ysop, auch Josefskraut, wird als Gewürz- und Heilpflanze seit dem 16. Jahrhundert kultiviert.

[183] Gemeint sind die sieben Bußpsalmen (lat. Psalmi Poenitentiales): nach der Vulgata: 6, 31, 37, 50, 101, 129, 142. (EU: 6, 32, 38, 51, 102, 130, 143).

sammele auch in dieser Stunde die Kräuter. Ist dies erledigt, lass drei Messen darüber lesen. Ist dies getan, lies das Evangelium des Johannes darüber[184]. Schreibe danach auf den Haselnussstab, mit dem du deinen Sprinkler gemacht hast, diese Zeichen mit der oben beschriebenen Nadel[185]:

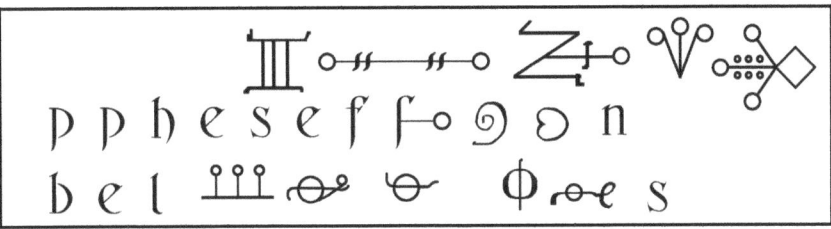

HIER FOLGT VOM FEUER UND LICHT. KAP. 12.

Das Licht, welches du für dein Werk brauchst, muss beim Merkur und in seiner Stunde hergestellt werden; deine Kerze muss in dieser Art gemacht werden: Nimm einen seidenen Faden, der von einer Jungfrau gemacht und gesponnen wurde, woraus du den Docht herstellst, und damit machst du eine Kerze aus Wachs, der aus einem neuen Bienenstock kommt, der Jungfern-Wachs genannt wird; lass die Kerze ein halbes Pfund Wachs enthalten, und zeichne darauf mit der zuvor erwähnen Nadel[186], diesen Charakter, wie folgt:

---

[184] Siehe auch: der Schlüssel der Weisheit, 1. Buch, 13. Kapitel.

[185] Siehe auch: der Schlüssel der Weisheit, 2. Buch, 17. Kapitel.

[186] Siehe auch: der Schlüssel der Weisheit, 2. Buch 17. Kapitel.

Sprich danach diese Psalmen: Benedicite omnia opera; Benediktiner anima mea Domino (Ps 103); Laudate Dominum omnes gentes (Ps 116); Te Deum laudamus (Großer Gott wir loben dich, Kirchenlied). Und dieses folgende:

> Oh, Herr, Gott, gib mir Kraft, dass ich nur dir vertraue. Im Namen des Vaters † und des Sohnes † und des Heiligen † Geistes, Amen. Ich beschwöre dich, Wachs, durch ihn, der sprach und es ward getan, dass du alles Böse von uns fernhältst. Amen.

Ist dies getan, besprenge die Kerze mit Wasser und räuchere sie und entzünde sie und sprich:

> Ich beschwören dich, Feuer, im Namen des Vaters † und des Sohnes † und des Heiligen † Geistes, und beim ersten Namen unseres Herrn Gott ON, und durch das zweite Wort, als er sagte: »Es werde Licht«, durch diese Namen, You, Adonay, Salua, Gla, Manemente, dass du den Geistern leuchtest, die hier erscheinen. Amen.

Dann nimm eine Laterne, in die diese Kerze hineingestellt werden muss, und darauf schreibe diese Namen:

Tetragrammaton Zebaoth, Adonay, Tétel, lademas.

Und entzünde die Kerze, und stecke sie hinein, und lies in ihrem Schein.

HIER FOLGT VON DER FEDER UND DER TINTE. KAP. 13.

Fange einen Gänserich lebendig und ziehe ihm eine Feder aus dem Flügel und sprich:

> Arbon, Narbon, Nason, Tamaray, Lyonar, Armynar, Bludamar, es möge aus dieser Feder alle Täuschung herausfahre und nur die Wahrheit darin fortbestehe.

Dann mache daraus eine Schreibfeder mit dem geweihten Messer und räuchere es, und dann leg sie ab, wie zuvor erwähnt.

VON DER TINTE.

Nimm ein Töpfchen oder ein Horn, in dem du deine Tinte füllst, und auf dieses Gefäß schreibe mit der Nadel folgendes:

> Joth, Teth, Eth, Vau, Anosbias, Ja, Ja, Ja, Anereneton, Anabona, Zebaoth.

Dann fülle neue Tinte hinein und sprich wie folgt:

> Ich exorziere dich, Tinte, durch den Namen Anaton und durch die Kraft des Stimulaton und durch seinen Namen, der alle Dinge tun kann, dass du meine Hilfe bei diesem meinem Werk bist.

VOM BLUT EINER FLEDERMAUS, WIE DU DAMIT ARBEITEN MUSST. KAP. 14.

Fange eine lebende Fledermaus und exorziere sie nach dieser Art:

> Camac, Lamath, Omac, Cachac, Marbac, Glyac, Iamachar, Valmath, ich beschwöre dich, Fledermaus, beim Vater † und dem Sohn † und dem Heiligen † Geist, und bei allen Worten,

die von ihm sprechen, dass du uns dienst. Oh, du Engel Adonay, Eloyt, und du Engel Adonel, seid meine Helfer und unterstützt mich, dass ich meinen Wunsch erfüllen kann.

Danach nimm die Nadel und steche ihr unter den rechten Flügel und nimm ihr Blut und sprich:

Oh, allmächtiger Adonay, Araton, Ossul, Heloy, Helöe, Helion, Essercon, sadon, Deus, Deus, Infinitus, Jesus Christus, seid meine Helfer, dass dieses Blut Macht hat bei meinem Werk.

Vom Jungfern-Papier oder Pergament, genannt Membrana. Kap. 15.

Nimm ein Stück Pergament aus der Brust von der Haut irgendeines Tieres, welches man Membrana nennen kann oder der Nanyll[187]. Weihe es auf seine Weise, aber räuchere es erst mit Räucherwerk und beim Räuchern sprichst du: Domine Deus noster[188], Domine Exaudi (Ps 102), Deus meus respice (Ps 22), Domine quis habitabit (Ps 15), Quam Dilecta (Ps 84). Danach sprich folgende Beschwörung drei Mal:

> Malec, Jydomos, Theophilos, oh, Gott, allmächtiger Vater, der alles durch seine große Weisheit erschaffen hat, der du Abraham zur ersten auserwählten Person machtest, dessen Samen du wie die Sterne vermehrt hast[189], du bist Moses er-

---

[187] Gemeint ist wohl Manyll, **Manilapapier, aus der Bastfaser von Manilahanf, sehr zähes Papier.**

[188] Kirchenlied: »Rogamus te domine deus noster«.

[189] Ein wenig verzerrt, vgl. 1 Mose 26,4: »Ich mache deine Nachkommen zahlreich wie die Sterne am Himmel«.

scheinen inmitten eines Busches[190], der wie in Flamme stand und offenbartest ihm deinen heiligen Namen[191], nämlich: Eyphy und Esser, Asserephe, die Solomon vor allen anderen Geschöpfen gegeben wurden, ich flehe dich demütig an, Majestät, dass durch deine Kraft und Macht dies geweiht wird, wie es sein soll, oh, allmächtiger Adonay, dein Reich währt ewig. Amen.

Anschließend besprenge es mit Wasser und lass drei Messen darüber lesen.

Wie du mit Wachs arbeiten musst. Kap. 16.

In vielen Künsten werden Wachs und Erde verwendet, woraus Bilder gemacht werden. Wenn du Wachs verwenden musst, sieh zu, dass es Jungfern-Wachs ist und dass er nicht verdorben ist. Jungfern-Wachs wird von Bienen gemacht, die nie verbündeten sind, und er wird in Apotheken verkauft. Wenn du damit arbeitest, sprich darüber:

Ich werde dich exorzieren, Adonyon, Meryon, Asmetalj, Cosimas, Aliones, Concimas, Oriados, Almay, Caphay, Equant, Vernant, Othios, lyonides, Trophylidos, seid dabei, mir zu helfen; euch rufe ich für mein Werk, das ich durch euch beginne, und das durch euch beendet wird.

Ist dies geschehen, sprich folgende Psalmen: Domine, non est exaltatum (Ps 131), Domine habitabit quis (Ps 15), Domine Exaudi

---

190 Vgl. 2 Mose 3.

191 2 Moses 3,14: »Da antwortete Gott dem Mose: Ich bin, der ich bin. Und er fuhr fort: So sollst du zu den Israeliten sagen: Der Ich-bin hat mich zu euch gesandt.« Im Hebräischen steht dann JHVH, welches in der EU als „Ich bin" gedeutet wird.

(Ps 102), Domine Deus noster[192], Quam Dilecta (Ps 84), Exsurgat Deus (Ps 68), Deorum Deus (Ps 50), Deus in nomine tuo (Ps 54), Deus iudicium (Ps 72), Ecce quam bonum (Ps 133), In exitu Israel (Ps 114), In Convertendo (Ps 126), Deus Deus meus (Ps 22), Deus meus respice (Ps 22), Beati Quorum (Ps 32), Miserere mei Deus (Ps 51), De profundis (Ps 130), Domine probasti (Ps 139).

Danach lasse drei Messen über dieses Wachs lesen. Dann räuchere ihn mit Räucherwerk und sprich:

> Ich beschwöre und warne dich, Wachs, beim allmächtigen Vater, der alle Dinge aus dem Nichts erschaffen hat; auf dass du durch deinen heiligen Namen, diesem Wachs Stärke gibst – dass er geheiligt wird, der, der da lebt und regiert bis in Ewigkeit. Amen.

HIER FOLGT DIE NADEL, MIT DER DU ARBEITEN MUSST. KAP. 17.

Es ist in einigen Experimenten nötig, eine Nadel oder dergleichen zu haben, also sollst du eine Nadel aus Eisen oder Stahl herstellen, an dem Tag und in der Stunde des Jupiters. Sie soll nicht erst am nächsten Tag fertig werden, nämlich dem Tag und der Stunde der Venus. Ist sie fertig, steck sie an einen geheimen Ort und sprich darüber:

> Ich beschwöre dich, Nadel, durch den Vater † und den Sohn † und den Heiligen † Geist, und durch alle Beschwörungen, die vorgenommen werden können, und durch alle Kräfte der Steine, Kräuter und Worte, und durch ihn, der am letzten Tag kommen wird, zu richten die Lebenden und die Toten und die ganze Welt durch das Feuer; dass du durch den selben

---

[192] Kirchenlied.

Schöpfer Tugend und Stärke erhältst und dass ich stets deine Unterstützung und Hilfe haben kann, wann immer ich will.

Danach sprich diese Psalmen über sie: Domine quid multiplicasti (Ps 3), Domine Deus meus in te speraui (Ps 7), Confitebor tibi Domine in toto corde meo (Ps 138), in Domino confido (Ps 11), Conserua me Domine (Ps 16), Diligam te (Ps 18), Celi enarrant (Ps 19), Dominus regit me (Ps 22), Expectans expectavi (Ps 40), Quemadmodum desiderat (Ps 42), Deus reppulisti, nos (Ps 60).

Ist dies gesprochen, lass drei Messen über sie lesen und räuchere sie und besprenge sie mit exorziertem Wasser und legte sie fort und beim Fortlegen sprich wie folgt:

Baruchata, lamec, Dalmone, Madaldac, Gedodia, Marco, Badalna, Geoderia, Conolaria, Mararya, Geordia, Lalia, Migia, Amolsiam, Bonefariam, Amedain, Camedon, Cedorion, Oubyon, Myson, Artion, Efraton, Geon, Gesson, Besso, Agla, Gly, Aglatha. Aglathot, Agladian, Meriones. Sanfte und gute Engel, werdet Hüter von diesem Instrument, dass es mir helfen kann und dass ich damit alles bewerkstelligen kann.

HIER FOLGT, VON DÜFTEN UND RÄUCHERWERKEN, WIE SIE GEMACHT WERDEN SOLLEN. KAP. 18.

In den Werken dieser Kunst sind intensive Gerüche erforderlich. Gerüche werden mit Weihrauch gemacht, mit Lignum Aloe[193], mit Myrrhe oder andere Dinge, die einen süßen Geruch haben. Wenn man sie ins Feuer gibt, sollst du sprechen:

---

[193] Das Aloeholz.

Oh, Gott, der du bist der Gott Abrahams, der Gott Isaaks und der Gott Jakobs, ich flehe dich an, segne diese Dinge, die hier dargeboten werden, dass ihre Kraft und Macht verstärkt werden, und vertreibe von uns alle Illusionen, durch Jesus Christus, unseren Herrn. Amen.

Hier folgt das Kapitel, indem erklärt wird, welche Tücher du verwenden musst – eine weitere Notwendigkeit für dein Experiment. Kap. 19.

Wenn alle Dinge geweiht sind, und du hast Gelegenheit zu arbeiten, nimm ein sauberes Tuch aus Leinen oder besser aus Seide. Auf dieses Tuch schreibe diese folgenden Zeichen mit der besprochenen Feder und Tinte:

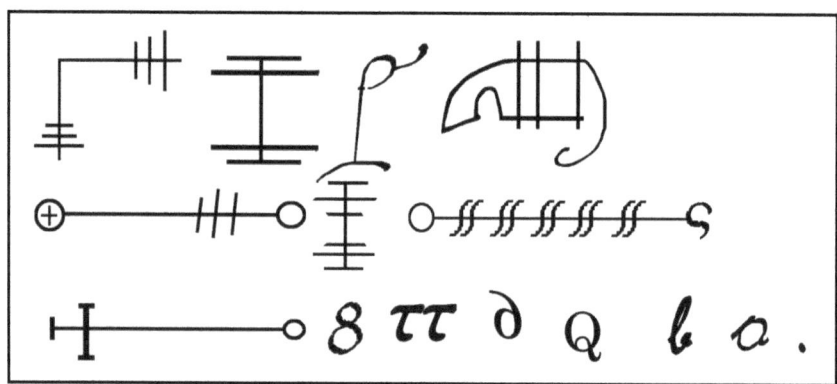

Und schreibe darauf folgende Namen:

Adonay, Anostias, Anerexeton, Agla, Athanatos, Agios, Amor, Ananator, Anilis, Theodomos, Agne, Jeton, Cedron, Lamec, Cefol, faras, Cos, Tetragrammaton.

Dann besprenge das Tuch und räuchere es. Ist dies getan, lies darüber diese Psalmen: Dne Deus noster[194], Te decet hymnas Deus, Benedicite omnia opera; Laudate Dominum de Celis (Ps 148), Ecce quam bonum (Ps 133).

Danach lass neun Messen darüber lesen. Dahinein lege alle deine Instrumente.

Von der Arbeit an Bildnissen. Kap. 20.

Es möge sich niemand über dieses Kapitel wundern, denn in dieser Kürze ist alles Wissen des Buches enthalten; es ist unmöglich, ein Experiment durchzuführen, es sei denn, alle Kapitel dieses Buches werden miteinander verbunden. Darum lies das vorliegende Buch sorgfältig durch.

Aut totum: aut nihil.[195]

Von den Stunden, an denen man arbeitet. Kap. 21.

Wer auch immer ein Experiment kennen lernen möchte und es durchführen will, sollte die Stunden und Tage berücksichtigen, welche für den Zweck geeignet sind. Wähle also den Tag des Merkurs und den zunehmenden Mond und schmiede alle deine Instrumente stets an diesem Tag und mache sie am gleichen Tag fertig. Und so auch am nächsten Merkur-Tag, bis alle für das Werk erforderliche vorbereitet sind. Dann, wenn alles bereit ist, erkenne wieder die gebührende Stunde; und dann beginne zu arbeiten, wenn du willst.

---

[194] Dies und die folgenden sind Kirchenlieder.

[195] Lat.: alles oder nichts.

Wenn alle nötigen Dinge bereit sind und in das Tuch gelegt wurden, wie oben beschrieben steht, lass neun Messen über sie lesen. Ist dies getan, so kannst du sicher arbeiten ohne Angst; es ist nur notwendig, auf die Feierlichkeiten bei deinem Experiment zu achten. Aber sieh zu, dass du alle Dinge in dein Tuch zurücklegst, wenn du deine Arbeit beendet hast, wie zuvor gesagt wurde.

HIER FOLGEN DIE FARBEN DER PLANETEN. KAP. 22.

• Die vom Saturn ist schwarz und wird durch verbranntes Ziegenhaar gemacht.

• Die vom Jupiter ist grün und besteht aus einem edlen Grün.

• Die vom Mars ist der Zinnober oder Safran.

• Die von der Venus ist von Azur oder einer anderen violetten Farbe.

• Die von der Sonne ist Safran, oder grün.

• Die vom Merkur ist wie vom Eigelb.

• Die vom Mond ist aus Bleiweiß[196].

Die Art und Weise wie man dein Pentakel bereitet, wird auf der nächsten Seite gezeigt.

---

[196] Auch Bleihydroxidkarbonat.

HIER FOLGT DIE ART UND WEISE, WIE MAN DAS PENTAKEL BEREITET. LETZTES KAPITEL UND INSTRUKTIONEN.

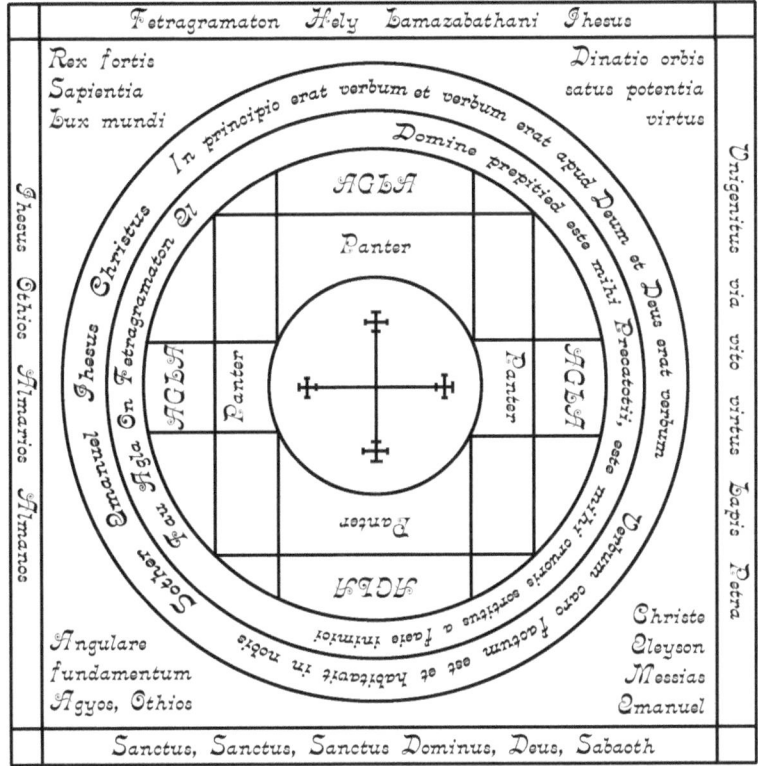

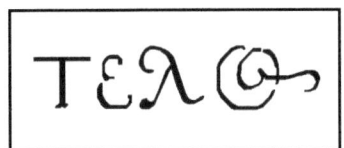

Hier endet das Buch von Salomon, der Weisen,
genannt

DER SCHLÜSSEL DER WEISHEIT.

ANHANG.

VON DEN PLANETEN, TAGEN UND METALLEN.

Montag	Mond	Silber	☽
Dienstag	Mars	Eisen	♂
Mittwoch	Merkur	Quecksilber	☿
Donnerstag	Jupiter	Zinn	♃
Freitag	Venus	Kupfer	♀
Samstag	Saturn	Blei	♄
Sonntag	Sonne	Gold	☉

Quellen

GRIMORIUM VERUM

FRANZÖSISCHE AUSGABEN:

Der komplette Titel lautet; Nationalbibliothek Frankreichs (BnF) nach **Alibeck**: »Grimoirium verum, vel probatissime Salomonis Claviculae rabini hebraïci, in quibus tum naturalia tum super naturalia secreta, licet abditissima, in promptu apparent, modo operator per nessaria et contenta faciat, scia tamen oportet demonum potentia dum taxat per agantur (gedruckter Text) Traduit de l'hébreu par Plaingière ... avec un Recueil de secrets curieux.«; der alternativer Titel lautet: »véritables Clavicules de Salomon«; Memphis: Alibeck l'égyptien, 1517; 96 Seiten

Nach Simon **Blocquel**: »Solomon. Les véritables clavicules de Salomon: trésor des sciences occultes suives d'un grand nombre de secrets, et notamment de la grande cabale dite du Papillon Vert. Lille: Typ. de Blocquel. N.D. (circa 1830). 110 Seiten, illus., gefaltete Farbtafel. Mailand, 1868.«

FRANZÖSISCHE HANDSCHRIFT:

Manuscript Lansdowne 1202, British Library, pp. 105-114 – Les vraies Clavicules du. Roi Salomon. Par Armadel (Französisch, Mitte 18. Jhd.)

ITALIENISCHE AUSGABEN:

Die italienische Fassung nach G. **Bestetti**: »Solomon. La Vera Clavicola del Re Salomone, tesoro delle scienze occulte, con molti altri segreti e principalmente la Cabala della Farfalla verde. Tradotte ... da Bestetti. 69 pages, 16°. Mailand, 1868.«

Die italienische Fassung nach Amato **Muzzi**: Katalognummer: 8632.b. 10. »Solomon. La Clavicola del Re Salomone: tesoro delle Scienze occulte con molti altri segreti e principalmente la Cabala delle Farfalla Verde. pp. 128. 8° Florenz, Amato Muzzi Editore, 1880.«

DER SCHLÜSSEL DER WEISHEIT, 1. UND 2. BUCH

Der Text findet sich im Manuskript Solane 3645; es liegt in der Britischen Library und stammt aus dem 17. Jahrhundert. Der Text selbst wird sicherlich noch 100 Jahre älter sein und aus dem 16. Jahrhundert stammen. Das eigentliche Manuskript ist eine Sammlung von verschiedenen Schriftstücken über Magie und Zauberei aus dem 16. und 17. Jahrhundert. Endgültig zusammengestellt wurde es wahrscheinlich von Baron John Somers (04.03.1651 – 26.04.1716). Dies ist plausibel, da das Inhaltsverzeichnis auf Seite 3 in der gleichen Handschrift geschrieben wurde, wie der Katalog, den Somers geführt hat.

Kapitel 1 – 4 gehörten Anfang des 17. Jahrhunderts von Gabriel Harvey (1645 – 1630), er war Gelehrter und Dichter und ein Freund von Edmund Spenser (ca. 1552 – 1599). Spenser hat durchgehend bis Kapitel 10 diese Schriften kommentiert. Spenser, ebenfalls Dichter und wahrscheinlich Schüler von Harvey, schrieb »the Faerie Queene« (die Feenkönigin), dies war sein wichtigster Beitrag zur englischen Dichtung.

Einige andere Kapitel sind wahrscheinlich von Elias Ashmole (23.05.1617 – 18.05.1692) zusammengetragen worden, einem der späteren Besitzer der Sammlung. Ashmole trat am 16. Oktober 1646 einer Freimaurer Loge bei. Er ist der Herausgeber der legendären Theatrum Chemicum Britannicum, eine alchemistische Sammlung englischer Texte und Gedichte. Sicher ein Eingeweihter und profunder Kenner magischer Schriften.

Der Titel im Original lautet: »Here begynneth the booke of Kynge Solomon called the Kay of Knowledge«. Hier hat Harvey hinzugefügt: »Clavicula Salomonis. Extat Latine: et legi.« In two books.

Im Umlauf sind einige weitere Abhandlungen mit ähnlichem Titeln, sie stimmen aber weder mit der Clavicula überein, die z. B. von S. L. M. Mathers herausgegeben wurden (London, 1889), zusätzlich mit der Schrift, die als »Lemegeton« bekannt ist.

BIBELZITATE

Die Übersetzungen der Bibelzitate erfolgt, wenn nichts anderes angegeben wurde, nach der Einheitsübersetzung von 2016; die lateinischen Übersetzungen nach der Nova Vulgata.

Von Christian Eibenstein erschienen: